Andrea Böhm

Die Amerikaner

Andrea Böhm

Die Amerikaner

Reise durch ein unbekanntes Imperium

HERDER

FREIBURG · BASEL · WIEN

Gedruckt auf umweltfreundlichem, chlorfrei gebleichtem Papier

Originalausgabe

www.herder.de
Satz: Barbara Herrmann, Freiburg
Druck und Bindung: fgb · freiburger graphische betriebe
www.fgb.de
ISBN 3-451-28409-X

Für meine Mutter, die Amerika lange vor mir entdeckte

Inhalt

Vorwort

Am Anfang dieser Reise dachte ich, sie würde meinen Abschied von diesem Land einläuten. Ich hatte, alles in allem, zehn Jahre in den USA verbracht. Noch einmal die amerikanische Freiheit genießen, endlos zu fahren – von Ost nach West, zurück von West nach Ost. ‚Dann reicht's', dachte ich. ‚Dann schließt du mit diesem Land ab.'

Unsinn. Mit diesem Land schließt man nie ab. „Amerika prägt, wie Nicht-Amerikaner leben und denken." Ein britischer Journalist hat das einmal geschrieben. Der Satz ist ebenso banal wie provozierend. Vor allem ist er wahr. An keinem anderen Land arbeiten wir uns so sehr ab. Amerika kann uns begeistern oder zutiefst empören. Über Amerika meinen wir, alles zu wissen – aber ständig verändern unsere Wünsche das Bild, das wir von diesem Land haben.

„Schreib' was über das andere Amerika", hatten Freunde in Deutschland gesagt. „Wo soll das liegen?", hatte ich zurückgefragt.

Ich weiß, wie groß die europäische Sehnsucht nach dem „anderen Amerika", nach diesem imaginären Land, in diesen Zeiten ist.

Schließlich haben die USA sich und dem Rest der Welt in den letzten Jahren einiges zugemutet. Es begann mit einem bizarren Skandal um einen erfolgreichen Präsidenten und seine Praktikantin, gefolgt von der Wahl im Jahr 2000, die einem Mann ins Weiße Haus verhalf, der alles verkörpert, was

Europäer an Amerika so leidenschaftlich verachten: messianischen Machismo, die Geringschätzung Intellektueller, schlechte Grammatik und die Neigung, die Welt im Namen Gottes in „gut“ und „böse“ aufzuteilen.

All das hat vielen Europäern, allen voran den Deutschen, offenbar gereicht, um ihrerseits ein „böses“ und ein „gutes“ Amerika zu verorten: Im ersten leben die Familien Bush und Cheney zusammen mit Fernsehpredigern und Waffennarren und fahren Benzin fressende Geländewagen. Im zweiten leben Michael Moore und Susan Sontag, die Nachbarn trennen ihren Müll, niemand schwingt die rot-weiß-blaue Fahne, und alle sind frei von Patriotismus und Sendungsbewusstsein.

Es gibt weder das „böse“ noch das „andere, gute“ Amerika. Ich sage das nicht aus Fatalismus oder weil es in dem Land keinen nennenswerten Dissens gäbe. Im Gegenteil: die Amerikaner sind zerstritten wie schon lange nicht mehr. Aber eines eint sie: der Glaube an das immanent Gute Amerikas. Sie streiten sich über die Umsetzung in die Praxis, nicht über die Idee als solche.

Es ist übrigens kaum hundert Jahre her, da glaubte Europa selbst daran. Das Vertrauen in Amerikas wundersame Kraft der individuellen Erlösung war, wie der britische Schriftsteller Jonathan Raban geschrieben hat, „Europas letzte große Religion“. Millionen konvertierten und wanderten aus. Dann kam der Zweite Weltkrieg, für den sich die Amerikaner ohne ihr Sendungsbewusstsein kaum hätten mobilisieren lassen, und der Kalte Krieg, in dessen Verlauf sich Westeuropa mit typischer Zwiespältigkeit amerikanisieren ließ: Die Linke umarmte Amerikas Kultur und empörte sich über seine Politik, die Rechte hielt es umgekehrt.

Beide Welten, dies- und jenseits des Atlantik, glichen sich in ihrem Lebensstandard an. Europa wurde amerikanischer und Amerika ein wenig europäischer. Es leistete sich in den

60er Jahren sozialstaatliche Programme und – nach Watergate und Vietnam – ein gutes Maß an europäisch anmutendem Zynismus.

Dann fiel die Berliner Mauer und mit ihr einiges, was Europa und Amerika verbunden hatte. Der gemeinsame Feind verschwand, kurz darauf auch der Traum von der neuen multilateralen Welt an den runden Tischen der Vereinten Nationen, und zwischen Washington und den Hauptstädten Europas begann, was man die „beschleunigte Entfremdung" nennen kann.

Ich beschloss, das Fremde neu zu entdecken, ins „Innere des Imperiums" aufzubrechen, weit weg von den Aufgeregtheiten der Diplomatie und der Fernsehbilder. Es war nicht meine erste Reise quer durch die USA, aber diese fand in einem sozialen und politischen Klima statt, das so dramatisch, so beunruhigend und so spannend ist wie nie zuvor. Amerika kämpft einen selbsterklärten unbegrenzten „Krieg gegen den Terrorismus", dessen Ende unabsehbar ist – egal, wie der nächste Präsident heißt.

Seine Bürger haben eine Einwanderungswelle zu verkraften, wie es sie zuletzt vor hundert Jahren gegeben hat.

Sein Staatswesen steckt seit 30 Jahren in einer von rechts proklamierten Revolution, die in diesem erbitterten Wahlkampf zum ersten Mal auf eine nennenswerte Gegenbewegung stößt. Und über all dem schwebt wie ein Wachtraum die Erinnerung an den 11. September 2001 und die Gefahr neuer Terroranschläge.

Also habe ich im Inneren des Imperiums nach Städten und Menschen gesucht, die diese Geschichten erzählen. Einige kannte ich von früheren Reisen, andere sah und traf ich zum ersten Mal. Die meisten Orte liegen abseits von den Metropolen, die das USA-Bild der Europäer prägen: in Paterson, New Jersey, das einst Amerikas prachtvollste Stadt werden sollte und heute ein Zentrum arabischer Einwanderer ist; in Whitesburg, Kentucky, wo man auf den nächsten Aufstand gegen die Armut hofft; in Midland, Texas, wo man das Land moralisch erneuern will; in der South Side von Chicago, wo das amerikanische Militär Frieden schaffen soll; in Youngstown, Ohio, wo man auf den Ruinen der Industriegesellschaft auf die Zukunft wartet. Deren Bewohner sieht man selten im Fernsehen, obwohl sie einiges zu erzählen haben: der Hochzeitsfotograf in New Jersey, der vor dem 11. September 2001 mit den falschen Leuten ins Geschäft gekommen war; die Bürgermeisterin in Alabama, die für ihr Land eine Wagenburg bauen will; die Immigrantentochter in Chicago, die mit 16 Oberstleutnant wurde; oder der Armeeveteran in Kalifornien, der hofft, dass ihn Arnold Schwarzenegger vom Schatten eines vergangenen Krieges befreit.

Es ist nicht die Geschichte eines Imperiums – es sind die Geschichten der Menschen in einem Amerika, das mehr an sich zweifelt, als man von außen zu erkennen glaubt.

1. Paterson, New Jersey: Vom Anfang der Macht

Sonnenstrahlen drangen durch die blauen Kirchenfenster von St. Kasimir und warfen Lichtkegel auf die greisen Häupter, die sich über gefaltete Hände beugten. Zwölf waren an diesem Sonntag zum Gottesdienst gekommen. „Nächstes Jahr schließen sie die Kirche", flüsterte Waraske, tauchte seine knochigen Finger ins Weihwasser und bekreuzigte sich. Die Diözese hatte genug von diesem wöchentlichen Trauerspiel. Der Chor war ausgedünnt, die Kollekte brachte kaum mehr dreißig Dollar ein. Waraske zeigte auf das Fenster mit der heiligen Maria. Seine Familie hatte es gespendet, damals, 1961, als man die neuen Zeichen der Zeit noch nicht sehen musste, wenn man sie nicht sehen wollte. Damals, als die Geschäfte sonntags noch geschlossen waren, als in Paterson in den Häusern um St. Kasimir noch Balten und Polen wohnten und niemand daran dachte, eine Straße nach Martin Luther King zu benennen.

Der Priester murmelte die ersten Zeilen des Vaterunser. Er kam zwar nur aus der Nachbarstadt, um sonntags die Messe zu lesen, aber wenigstens beherrschte er die Liturgie auf Litauisch. Die Alten fielen ein, kräftiger und lauter als in den Gebeten und Hymnen zuvor, als wollten sie ein trotziges Signal über die Straße senden: „Noch sind wir nicht weg."
Draußen spielten drei junge Schwarze lustlos Basketball.

Waraske sah wieder einmal aus, als hätte er sich im Laufschritt angezogen. Das Hemd hing aus der Hose. Durch den abgewetzten Stoff seiner Leinenschuhe schimmerten die großen Zehen durch. Sein grauer Haarschopf sträubte sich in alle Richtungen. Er hatte das Gesicht einer mit der Welt hadernden Eule. Auf der gebogenen Nase saß eine riesige Brille, die Lippen waren zu einem Strich geschmolzen, die Schultern hochgezogen. Waraske zählte zu den Menschen, die man schon seufzen hörte, bevor sie überhaupt den Mund aufmachten.

Aber er hatte ein phänomenales Gedächtnis. Er wusste, wo die Dinge ihren Anfang genommen hatten. Ich hatte nach einer Stadt gesucht, die mich auf die Reise schicken würde. „Paterson", hatte Waraske gesagt. „Hier in Paterson fing alles an. Hier müssen Sie beginnen."

Die Kirche war der einzige Ort, an dem ich Waraske treffen konnte. Er ging nur noch selten aus dem Haus und empfing keinen Besuch. „Das regt Tante Helen zu sehr auf." Tante Helen war 78 und seit einem Jahr bettlägerig. Ihr Neffe, mit 64 Jahren auch nicht mehr der Jüngste, kümmerte sich um sie. Waraske hatte nie geheiratet, Helen war seine Familie, und sie zu pflegen, sei nicht so dramatisch, sagte er, „sie wiegt ja kaum mehr 100 Pfund". Wenn Tante Helen schlief, wanderte Waraske in seine eigene Welt: Er stöberte in seinen Schätzen, in Zeitungsausschnitten aus dem 19. Jahrhundert, alten Festschriften der Freimaurerloge, Adressbüchern aus den 20er Jahren, Kinokarten aus den 50ern, Streikplakaten von 1913, auf denen Worte wie „Klassenkampf" zu lesen waren. Seine Sammlung hatte einen legendären Ruf in Paterson.

Vincent D. Waraske hatte schon als Kind das Interesse an der Gegenwart verloren und gehortet, was seine Großeltern an Memorabilien aus Litauen mitgebracht hatten. Er wurde, was niemanden überraschte, Geschichtslehrer von Beruf, sammelte weiter alles, was älter als dreißig Jahre war, und bekam nach seiner Pensionierung den Titel „Stadthistoriker von Paterson, New Jersey" zuerkannt. „Die Stadt, in der Amerika begann, mächtig zu werden", sagte Waraske. Ich hielt das zuerst für die Übertreibung eines Lokalpatrioten. Aber er hatte Recht.

Paterson war Amerikas erste Fabrikstadt gewesen – 1792 auf dem Reißbrett entworfen und gegründet, um den Traum von der Warenproduktion made in America zu verwirklichen. Was einst als „größte und eleganteste Stadt" des Landes geplant war, entstand nicht etwa als Gemeinwesen, sondern als privates Unternehmen. Die Gründerväter waren nicht Siedler, sondern Investoren gewesen, allesamt wohlhabende Herrschaften mit einem ausgeprägten Hang zur Selbstbereicherung und besten Kontakten zum damaligen Finanzminister der noch jungen Vereinigten Staaten, Alexander Hamilton. Diverse Betrugsskandale sorgten für einen holprigen Start, doch zwanzig Jahre später war Realität geworden, was Hamilton sich einst am Passaic River, dem Fluss der Stadt, ausgemalt hatte: Baumwollspinnereien, Sägewerke und Papierfabriken liefen auf Hochtouren.

Wassermühlen lieferten unerschöpfliche Energievorräte. Denn mitten in der „Fabrikstadt der Nation" schießt der Passaic River über eine Felsenwand 23 Meter in die Tiefe. Es ist ein Respekt einflößendes Naturschauspiel zwischen rauchenden Schornsteinen und Fabrikhallen.

Die Wasserfälle, schrieb John Updike rund 200 Jahre später in seinem Roman „Gott und die Wilmots", waren schon da, als nur die Indianer wie gebannt auf so viel achtlose Großartigkeit geschaut hatten, und sie würden immer noch da sein, „wenn Paterson versunken und nur noch ein gewundenes Tal voll Backsteinschutt und verrostetem Eisen war". Wenn man Waraske hörte, gewann man den Eindruck, dass es bis dahin nicht mehr lange dauern würde.

Doch gut 150 Jahre lang hielt das Stadtmotto „Spe et labore", „Durch Hoffnung und Arbeit", was es versprach.

Hier wurden die ersten amerikanischen Lokomotiven und der Flugzeugmotor für Charles Lindberghs „Spirit of St. Louis" gebaut. Hier erfand Sam Colt den Revolver und ein skurriler Ire namens John Philip Holland das U-Boot. Hier produzierten Tausende von Webern und Färbern Seide für die ganze Welt. „Silk City", die „Seidenstadt" lag keine zwanzig Meilen vom New Yorker Hafen und der Freiheitsstatue entfernt. Sie lockte erst Immigranten aus Italien, Polen, Irland, Russland, Deutschland und dem Baltikum an, später Türken, Syrer und Mazedonier. 1891 kam Waraskes Großvater aus Vilnius, Peter Waraskevic, der in seinem neuen Leben zuerst die drei letzten Buchstaben seines Namens strich und dann als Weber in die Fabrik ging.

Das war in groben Zügen Waraskes Geschichte und die seiner Stadt. Bei solchen Sprüngen in die Vergangenheit streifte er seine morbide Melancholie ab wie einen nassen Mantel. Die Vergangenheit wärmte ihn. Ein fröhlicher Gesichtsausdruck lag dann auf seinem Vogelgesicht; er hielt sich, bis er in den 60er Jahren angekommen war. Da, sagte er, habe der Niedergang begonnen.

Der Gottesdienst war zu Ende. Waraske setzte eine riesige, die Schläfen umschließende Sonnenbrille auf, was ihm den Anschein eines nervösen Rennpferdes gab. Er sah erst mich an, dann die schwarzen Jugendlichen auf dem Basketballplatz und beschloss, Tante Helen lieber zwanzig Minuten länger warten als mich allein durch diese Straßen laufen zu lassen. „Zu gefährlich. Steigen Sie ein." In seinem pechschwarzen Chevrolet mit bordellroten Samtbezügen passierten wir die üblichen Sehenswürdigkeiten. Vorbei an der AME Zion Baptist Church, die früher eine polnische Kirche gewesen war. Jetzt standen schwarze Familien vor der Tür, die Männer in makellosen Sonntagsanzügen, ihre üppigen Frauen in fröhlich dekorierten Kleidern und Hüten. Vorbei an den Seidenspinnereien, aus deren Fensterhöhlen Bäume wuchsen. Vorbei am Alexander Hamilton-Hotel, 210 Zimmer, das in Waraskes Kindheit die beste Adresse in Paterson gewesen war. Seit den 70er Jahren quartierte das Sozialamt hier Obdachlose ein.

Berühmte Orte der jüngeren Vergangenheit musste ich allein aufsuchen, denn alles, was der Stadt in den letzten dreißig, vierzig Jahren widerfahren war, fand Waraske zu irritierend, um es in seine Geschichten einzuweben. Zum Beispiel das Haus in der Union Avenue, Nummer 486. Dort hatten sich im Frühjahr 2001 zwei junge Araber eingemietet, was niemand ungewöhnlich fand, weil Paterson inzwischen ein Zentrum arabischer Immigranten geworden war. Am 2. September verschwanden sie mit unbekanntem Ziel, neun Tage später lenkten sie eine Passagiermaschine der American Airlines im Sturzflug auf das Pentagon. Es erfüllte Waraske mit Verbitterung, dass seine Stadt, in der einst der Revolver und das U-Boot erfunden worden waren, nach Jahrzehnten der Vergessenheit nun als „Terroristennest" dastand. Über Paterson, vor allem über einen südlichen Stadtteil, der auch „Klein-Jerusalem" genannt wurde, fiel die nationale Presse her – und das FBI.

Als im September 2001 der „Krieg zwischen Gut und Böse" ausbrach, waren Patersons arabische und muslimische Immigranten auf dem besten Wege, gute Amerikaner zu werden. In „Klein-Jerusalem" war man nicht wohlhabend, doch wer hier sein Geschäft hatte, konnte genug verdienen, um das nächstgrößere Haus anzuzahlen und die Kinder auf eines der billigeren Colleges zu schicken. Es gab eine „Liga der arabisch-amerikanischen Wähler" und eine „Aleppo-Caritas-Gesellschaft", in der sich syrischstämmige Einwanderer engagierten. Man hatte im November 2000 überwiegend für George W. Bush und die Republikaner gestimmt, denn die vertraten konservative Familienwerte, standen für das freie Unternehmertum und waren eindeutig nicht so Israel-freundlich wie die Demokraten. Man spendete für Hamas oder die PLO, so wie die irischen Immigranten in Boston und New York seit Jahrzehnten für die IRA und Sinn Féin spendeten. Man beschränkte seinen Antisemitismus auf Kaffeehaus-Gespräche und feierte am 4. Juli gemeinsam mit Juden, Baptisten und Presbyterianern den Unabhängigkeitstag der USA. Der erste und der letzte Tag des Ramadan waren in Paterson schulfrei, obwohl die Lehrer immer größere Probleme hatten, das vorgeschriebene Pensum eines Schuljahres zu schaffen: Der Kolumbus-Tag war zu feiern, Jom Kippur, Rosh Hashanah, der Tag der Veteranen, Thanksgiving, der Martin Luther King-Tag und jetzt noch Eid al-Fitr und Eid al-Adha.

Es gab ein halbes Dutzend Moscheen – und zwar keineswegs nur für Araber. Die Türken beteten in der Knickerbocker Avenue, die Bengalen in der Union Avenue, die „Black Muslims" am Martin Luther King Boulevard. Die meisten Syrer und Libanesen waren Christen. Die jordanischen, ägyptischen und palästinensischen Immigranten versammelten sich in der Moschee an der Derrom Avenue, die bis 1990 eine Synagoge gewesen war. Darin mochte man angesichts der Weltlage eine gewisse Ironie sehen. In der Geschichte der Stadt war es der normale Lauf der Dinge: Hatte sich die eine Minderheit etabliert und war in die reicheren Suburbs gezogen, übernahm eine neue Gruppe ihre Quartiere – zum Wohnen und zum Beten. Paterson war eine der ersten Städte, in der Allah neben Gott und Jahwe Platz genommen hatte.

Waraske wusste viel über die Geschichte der Juden in Paterson, aber nur wenig über die der Araber und Muslime. „Gehen Sie zu den Fattals oder Nouris", sagte er. „Das sind die ältesten arabischen Familien in der Stadt."

Die Nouris kannte ich bereits. Sie waren auch gar nicht zu übersehen. Es gab „Nouris Bäckerei", „Nouris Supermarkt",

„Juwelier Nouri“ und „Nouris Geschenkeladen“. Dort verkaufte Jimi Nouri Rasierwasser, Teddybären, Porzellanschwäne und Mini-Sarkophage mit ägyptischen Mumien. Der Laden war gleichzeitig das Büro für „Nouris Heiratshauptquartier“. Jimi, der redete wie Robert de Niro in einem Gangsterfilm, verkaufte nicht nur Kitsch, sondern richtete auch Hochzeiten aus: „Der schönste Tag in ihrem Leben – inklusive Video, Limousine und Fotoalbum“. Beide Unternehmen liefen glänzend. Jimi Nouri war, wie seine Brüder, eine amerikanische Erfolgsgeschichte – bis zum September 2001.

Es war Jimi gewesen, der das schäbige Apartment in der Union Avenue damals an die zwei jungen Araber vermietet hatte. Sie hatten sich als Studenten ausgegeben. Jimi verzichtete wie immer darauf, nach einem Ausweis zu fragen, und die beiden zahlten jeden Monat pünktlich 650 Dollar Miete in bar, was er schätzte. Jimi Nouri gehörte zu den Geschäftsleuten, die Geld gerne anfassten.

Wahrscheinlich war er damals vor den FBI-Agenten ähnlich abgebrüht aufgetreten wie vor mir. „Wer pünktlich zahlt und keinen Ärger macht, kriegt von mir auch keinen Ärger. Kann ich ahnen, was die Kerle vorhaben? Bin ich vielleicht die Polizei?“

Dabei war er durch den 11. September so geschockt gewesen wie alle anderen in „Klein-Jerusalem“. Aber als ausgefuchster Geschäftsmann wollte er so schnell wie möglich zu „business as usual“ zurückkehren. Für die Attentäter hatte er nichts als Verachtung übrig: verzogene Söhne reicher Familien, die mit ihrem Leben und ihren Privilegien nichts Besseres zu tun wussten, als sie für religiösen Wahn einzusetzen. „Loser“, Verlierertypen, die es in Amerika zu nichts gebracht hatten.

Der Umsatz in „Klein-Jerusalem“, das über die Jahre zum Einkaufszentrum für arabische Immigranten in ganz New York und New Jersey geworden war, brach nach den Terroranschlägen ein. Nouri blieb auf seinen Porzellanschwänen sitzen, seine Brüder auf Goldkettchen und Gebäck. Nur die Auftragslage im „Hochzeitshauptquartier“ blieb einigermaßen stabil. „Wenn die Welt verrückt spielt“, sagte Nouri, „wird erst recht geheiratet.“ „War Mohammed Atta auch in Paterson gewesen?“, fragte ich noch, bevor Nouri genug hatte von unserem Gespräch. „Ja, verdammt“, knurrte er. „Aber nicht in meinem Laden.“ Ich kaufte noch einen ägyptischen Mini-Sarkophag, um ihn zu besänftigen, und verabschiedete mich.

Patersons Main Street verband „Klein-Jerusalem“ mit der alten Innenstadt. Atta und seine beiden Komplizen waren diese Strecke mit aller Wahrscheinlichkeit einige Male entlanggelaufen: Vom Süd-Ende, wo in der „Bäckerei Nablus“ Flugblätter gegen die „mörderische israelische Besatzungspolitik“ aushingen, vorbei am „Hair Salon Palästina“ und an der Halal-Metzgerei, deren afghanischer Inhaber den Taliban immer schon die Pest an den Hals gewünscht hatte. Gleich daneben lag der Lotto-Laden, dessen dominikanischer Pächter keinem Araber über den Weg traute. Vorbei an den Teehäusern, wo junge Amerikaner palästinensischer Herkunft jungen Amerikanerinnen kolumbianischer Abstammung hinterherpfiffen.

Dann durchschnitt die Autobahn die Stadt, dahinter begann „downtown Paterson“. Links lag das Gemeindegefängnis, dann reihte sich ein Billig-Supermarkt an den nächsten mit dem immer gleichen Werbeslogan: „Jeder Artikel für 99 Cent“. Strenge Bengalinnen saßen auf erhöhten Podesten hinter der Kasse und inspizierten ungerührt die Einkaufstüten ihrer Latino-Kundschaft. Nebenan warben drittklassige Rechtsanwälte auf grellen Plakaten mit „Scheidung in 90 Tagen! Hablamos Español!“

Nein, Patersons Main Street lag nicht im Sterben. In ihren Schlaglöchern konnte man Hunde begraben, gewiss, aber sie war die pulsierende Ader einer Discount-Wirtschaft geworden. Gefälschte Timex-Uhren, giftgrüne Plastik-Madonnen, Nike-Schuhe, Lottoscheine, Videos, Beeper, Gold- und Gebetskettchen – das typische Sortiment der globalen Unterschicht war im Angebot. Aber der Klang der Straße war ein ganz eigener: eine Kakophonie aus Spanisch, Polizeisirenen, Urdu, Salsa, Englisch, Autohupen, Arabisch und Hip-Hop. Hier fand sich alles, was ein Mohammed Atta hassen musste: Kultur- und Schamgrenzen wurden durchbrochen, Haut berührte Haut, es mischten sich Gerüche und Sprachen, Religion und Kommerz, Männer und Frauen. Und bei aller Erbärmlichkeit lag in den Gesichtern der unerschütterliche Glaube, dass der Himmel über Paterson höher hing als der über Karachi, Kairo oder Bogotá.

Am 11. September 2001, als man in Paterson die Rauchwolke über Manhattan sehen konnte, verbreitete sich über Radio das Gerücht, in „Klein-Jerusalem" jubelten die Araber auf der Straße. Nichts dergleichen war passiert, doch ein paar Stunden später fuhr ein kleiner Konvoi mit jungen Italo-Amerikanern durch den Stadtteil, die aus den offenen Fenstern Bombenanschläge androhten, durch den Stadtteil. Der Bürgermeister verstärkte die Polizeipräsenz. Es blieb alles ruhig. Doch der Vorfall verdeutlichte das Dilemma, in dem Patersons arabische und muslimische Immigranten von nun an steckten: Ihr Land war angegriffen worden, und wie immer, wenn sich das Land angegriffen fühlte, rückte seine atomisierte Gesellschaft zusammen. Dann wurde landesweit geflaggt und gebetet. Je ärmer die Hütte, desto größer war die Fahne vor der Tür. Je schlechter das Englisch, desto lauter kam der Fahneneid über die Lippen. Kriege, ob gegen reale oder imaginierte Feinde, waren gigantische Integrationsmaßnahmen – nur nicht für jene, die aus dem „Feindesland" stammten.

Kurz nach den Anschlägen rollte über die Main Street eine „Parade der Einheit". Es marschierten Einwanderervereine aus Peru, Jordanien, Mazedonien, Ägypten, Kambodscha, Indien, Korea, den Philippinen, dem Libanon – alle eingehüllt in blau, weiß, rot. Dazu die Rotarier, die Freiwillige Feuerwehr, die Veteranen und die Religionsgemeinschaften. Die Moschee an der Derrom Avenue hatte einen Festwagen gemietet. Darauf stand ein Mädchen mit Kopftuch und amerikanischer Fahne und rief mit einem Engelsgesicht: „One nation under God, one nation under God." Aber es war eher eine verzweifelte Bitte denn eine Proklamation.

Zwei Jahre später war von Einheit nicht mehr viel zu sehen. Das FBI ließ seine Präsenz durch zahlreiche Hausbesuche spüren. Diverse Caritas-Vereine für den „palästinensischen Kampf" waren geschlossen worden. Männliche Einwanderer aus potenziellen „Terrorismus-Ländern" hatten bei den Behörden ihre Fingerabdrücke abnehmen lassen müssen, und so mancher war von diesem Termin direkt in die Abschiebehaft gewandert, weil sein Visum abgelaufen war. In den Moscheen vermutete man Abhörwanzen. In den Teehäusern kursierten paranoide Gerüchte über „Internierungslager" für Muslime in der Wüste von Arizona. Wie viele Immigranten wann im Gemeindegefängnis saßen, wusste niemand, weil die Behörden keine Namen herausgaben. Ein „New Jersey-Komitee zur Verteidigung der Bürgerrechte" rief jeden Freitag zur „Mahnwache für die Gefangenen", doch die Familien der Inhaftierten hüteten sich vor solch öffentlichen Protestaktionen. Als ich eines Abends dazu stieß, fand ich drei Demonstranten vor: zwei Mitglieder der „Sozialistischen Arbeiterpartei" und eine Meditationskünstlerin mit einem bemerkenswert ebenmäßigen Gesicht. Sie lief eine Stunde mit wohlgesetzten Schritten und geschlossenen Augen vor dem Gefängnis auf und ab, um das Leiden hinter den Mauern zu visualisieren.

„Wie erging es eigentlich den deutschen Immigranten in Paterson während des Ersten und Zweiten Weltkriegs?“ fragte ich Waraske an meinem letzten Sonntag in Paterson.

„Hier wurde niemandem zugesetzt“, sagte er. „Hier sind die Leute bestens miteinander ausgekommen.“

„Und was wird mit den Arabern und Muslimen passieren?“

„Gar nichts. In ein paar Jahren ist alles vergessen.“

Ich war mir da nicht sicher. Dieser „Krieg“ hatte eine teuflische Eigendynamik. Es gab kein absehbares Ende, keinen klar erkennbaren Feind, dessen Truppen irgendwann kapitulieren würden. Kein Präsident – egal ob Republikaner oder Demokrat – würde es sich leisten können, diesen „Krieg“ für beendet zu erklären. Also gab es auch keinen absehbaren Zeitpunkt, an dem die arabische und muslimische Minderheit in den USA nicht mehr unter Bewährung stehen würde. Einige der halbseidenen Rechtsanwälte der Stadt hatten das am schnellsten begriffen. Statt „Scheidung in 90 Tagen“ versprachen sie jetzt „erstklassige Rechtsberatung“ für die Auswanderung nach Kanada. Statt mit Spanisch warb man in diesen Kanzleien jetzt mit: „Wir sprechen auch Urdu und Arabisch.“

Ich verbrachte den Sonntagabend zum Abschied in der „Question Mark Bar“. Hier hatten sich früher die Fabrikarbeiter getroffen. Jetzt zeichnete sich die Bar nur noch dadurch aus, dass sie im Gegensatz zu allen anderen Kneipen der Innenstadt keine Striptease-Tänzerinnen beschäftigte. Das förderte weder die Stimmung noch das Geschäft. Der Barkeeper, ein ausgemergelter, kettenrauchender Puerto Ricaner hatte außer Dosenbier noch ein paar billige Schnäpse im Regal. Im hinteren Teil standen ein Billard-Tisch, eine Juke-Box und drei zerkratzte Resopaltische mit Budweiser-Reklamefähnchen. Es roch nach Bier und vollen Aschenbechern. Drei

Mexikaner saßen an der Theke und verfolgten ein Fußballspiel im Fernsehen. Raymond, der Barkeeper, gab mir zwei Dosen Bier aus und erklärte mir seine Überlebensstrategie: selber nüchtern bleiben, allen Drogendealern Hausverbot erteilen und die Junggesellen im Auge behalten, wenn weibliche Gäste in der Bar sind. Einer der Mexikaner rückte seinen Barhocker näher an mich heran und lallte einen Namen. „Junge, halt den Mund und kuck' fern", sagte Raymond. Es funktionierte.

Waraske hatte erzählt, hier in der „Question Mark Bar" hätte die Geschichte von Patersons berühmtesten Mordprozess ihren Ausgang genommen. „Oh nein", sagte Raymond und hob abwehrend die Hände. „Das war oben in der Lafayette Street. Heißt jetzt ‚Lee's Lounge'."

Ich fuhr noch eine letzte Runde durch die Stadt, ins Viertel der Schwarzen, wo sich Abbruchhäuser aneinander reihten und die Straßen nach Martin Luther King und Rosa Parks benannt waren. „Lee's Lounge" lag nur einen Block von der St. Kasimir-Kirche entfernt. Die Außenfassade war mit schmutzigen Plastikpaneelen verkleidet, in einem winzigen Fenster hing eine erloschene „Coors"-Reklame. „Der Besitzer will verkaufen", hatte Raymond gesagt.

Damals, am 17. Juni 1966, als die Nachbarschaft noch aus Balten und Polen bestand, als „Lee's Lounge" noch „Lafayette Grill" hieß und man dort keine Schwarzen bedienen mochte, wurden hier der Barkeeper und zwei Gäste erschossen. Als Tatverdächtigen nahm die Polizei den damals bekanntesten Afro-Amerikaner der Stadt fest: Rubin Carter, einen Profi-Boxer, der so schnell schlagen konnte, dass man ihn „The Hurricane" nannte. Carter, der seine Unschuld beteuerte, wurde zu dreimal lebenslänglich verurteilt.

Spätestens zu dem Zeitpunkt konnte in Paterson keiner mehr die Zeichen der Zeit übersehen: die gärende Wut der

Schwarzen, die in verslumten Wohnblocks festsaßen, den angsterfüllten Hass der Weißen, die sich zunehmend in die sicheren Vorstädte absetzten; den Exodus der Maschinenfabriken und Seidenspinnereien, die entweder bankrott gingen oder nach Virginia, Alabama oder Mexiko abwanderten, wo es keine Gewerkschaften gab und die Löhne niedriger waren. Es war das Ende der „Fabrikstadt der Nation" – und der Anfang einer Vielvölkerstadt in der globalen Schattenwirtschaft.

Damals kam Paterson noch einmal kurz zu zweifelhaftem Ruhm, als Bob Dylan die Stadt und ihren Boxer in einem Lied verewigte: „The Hurricane".

Rubin Carter kam nach neunzehn Jahren frei. Die Hauptzeugen der Anklage hatten ihre Aussagen zurückgezogen. Die Staatsanwaltschaft ließ alle Anklagepunkte fallen, bevor es zu einer Wiederaufnahme des Verfahrens kommen konnte. Carter zog nach Kanada und schwor, nie wieder einen Fuß in seine Heimatstadt zu setzen.

Ich dachte an Waraske und sein Mantra: „Paterson, die Stadt, in der so vieles anfing."

2. Von Paterson nach Beckley – oder: Wie Osama bin Laden nach Virginia kam

Paterson zu verlassen war nicht einfach. Mit bloßem Auge ließ sich nicht erkennen, wo die Stadt aufhörte. Der Stadtrand verschmolz mit den Wohnparks und Shopping Malls, deren Angebot das Leben von New Jersey bis Kalifornien in eine öde und beruhigende Gleichförmigkeit tauchte: ein „Blockbuster Video", ein „J. C. Penney"-Modemarkt, ein „Taco Bell"-Restaurant, ein Multiplex-Kino und irgendein Steakhouse, dazu diverse Tankstellen mit 24-Stunden-Mini-Markt, ein Sonnenstudio, ein chinesisches Schnellrestaurant, das umsonst nach Hause lieferte, und die obligatorische Karate-Schule, die den besorgten Vätern und Müttern dasselbe wie überall versprach: „Disziplinierte, selbstbewusste, zielstrebige Kinder". Asiatische Kampfsport-Trainer hatten offensichtlich einen Nerv bei amerikanischen Mittelschichtseltern getroffen.

Suburbia ging nahtlos in eine Industriewüste über: Öltanks, Schornsteine, Fabrikhallen, Containerlager. Dazwischen braunes Brachland, aus dessen Sümpfen Autoreifen und Öltonnen ragten. Darüber verknoteten sich die grauen Betonbahnen der Autobahnkreuze, ein paar Meter höher kreisten die Passagiermaschinen in der Einflugschneise des Flughafen Newark. Es war ein Alptraum auf drei Etagen – die perfekte Kulisse für einen Endzeit-Film.

Bei Newark bog ich ab auf die Interstate 78 Richtung Westen. Kurz vor Pennsylvania kam die Welt endlich zur Ruhe. Die Kassierer an den Tankstellen bewegten sich langsamer, die Kellnerinnen in den Restaurants wurden gieriger auf ein Gespräch. „Sie fahren einfach so herum und schreiben?" Dana hielt eine Thermoskanne in der rechten und einen feuchten Lappen in der linken Hand. Sie goss dünnen Kaffee nach, wenn ich auch nur einen Schluck genippt hatte. Nach dem dritten Mal setzte sie sich an meinen Tisch, was sie eigentlich nicht durfte, aber ihr Boss war nicht da. Auf ihrer linken Hand war ein schiefes Herz zwischen Daumen und Zeigefinger tätowiert, auf ihrem Namensschild stand „My name is Dana – I am happy to serve you". Das war die moderne Version des Bücklings. Sie verdiente 2,50 Dollar in der Stunde plus Trinkgeld, und das musste erlächelt und erdient werden.

„Meine Großmutter hat geschrieben", sagte sie. „Jeden Abend, seit sie siebzehn war. Ich habe über fünfzig Tagebücher von ihr."

„Die hat sie Ihnen vererbt?"

„Na ja, noch ist sie nicht tot. Sie hat Alzheimer. Sie weiß nicht mehr, wer ich bin. Wir mussten sie ins Heim geben."

Dana wollte, dass ich mit nach Hause kam, um mir die Tagebücher anzusehen – säuberlich beschrieben, denn ihre Großmutter habe eine schöne Handschrift gehabt. Über fünfzig blaue Schulhefte – die Kopie eines von Krankheit zerstörten Gedächtnisses.

Ich erklärte, dass ich weiter nach West Virginia musste, und schlug ihr vor, die Hefte einem Lokalhistoriker zu übergeben. Ich dachte an Waraske. Über 60 Jahre Alltagsgeschichte, akribisch notiert, wären ein unermesslicher Schatz für ihn gewesen.

Sie nickte, stand auf, presste die Kaffeekanne gegen ihren Leib. Gemessen an meiner grenzenlosen Freiheit zu reisen, hielt sie West Virginia für kein ambitioniertes Ziel. „Mein Gott, was wollen Sie denn da?" „Da findet ein Boxturnier statt."

Südlich von Harrisburg häuften sich am Straßenrand kleine, bronzefarbene Schrifttafeln, die an vergangene Schlachten erinnerten. Handwerksbetriebe warben mit fachkundiger Reparatur alter Kanonen – „Howitzer, Napoleons, Parrotts". Trödelläden versprachen authentische Gürtelschnallen und Stiefelsporen aus alten Kavalleriebeständen.

In der Rezeption des Motels, in dem ich abstieg, brannten Räucherstäbchen. Der Pächter war ein indischer Immigrant aus Lucknow, was mich eher an Brandenburg als an Indien denken ließ. Außer mir hatten sich in dieser Nacht noch drei andere Gäste eingetragen. Das sah nach harten Zeiten aus. „Nein, nein", versicherte er. Sein Motel befinde sich in bester Lage: Dillsburg, Pennsylvania, nur 45 Kilometer von heiligem Boden entfernt. Er war schon jetzt, zum Frühlingsbeginn, ausgebucht für Ende Juni und den ganzen Juli. „Dann spielen sie wieder ihren Krieg", sagte er und schüttelte den Kopf. Er hielt viel von den Amerikanern, wollte bald selbst einer werden, aber ihre Obsession für den Bürgerkrieg blieb ihm fremd.

Eine halbe Autostunde südlich von Dillsburg, in Gettysburg, hatten sich am 1. Juli 1863 die Armeen des Südens und des Nordens gegenübergestanden. Zu jedem Jahrestag der Schlacht brach eine Invasion über das Städtchen herein. Zehntausende von Männern und einige wenige Frauen schlüpften aus ihrem Alltag als Lehrer, Klempner, Bankangestellte oder Software-Designer in originalgetreue Uniformen, brachten ihre „Howitzer"-Kanonen in Stellung und warteten auf den Befehl zum Angriff.

Der Inder profitierte nicht direkt von den Hobby-Soldaten. Deren Ehrenkodex verbot für die Dauer der Schlacht jeden modernen Komfort. Sie schliefen auf kratzigen Decken, schwitzten in wollenen Hosen, aßen ausschließlich Zwieback und Pökelfleisch nach Original-Rezept, und wer scheintot auf dem Feld zusammenbrach, verschwand danach ins Zelt, nicht ins Motel. Aber die Zuschauer, die das Spektakel im Campingstuhl mit Diet-Coke und Fernglas verfolgten, suchten nach Einbruch der Dunkelheit ein weiches Bett und fuhren dafür auch bis Dillsburg.

Mir fielen Schlagworte aus den Geschichtsbüchern ein: der erste moderne Krieg unter Einsatz von Eisenbahn und Propagandakampagnen; elf Südstaaten gegen 23 Nordstaaten; 600 000 Tote; zerstörte Städte; Atlanta in Flammen. Jedes Jahr im Frühling rückten nun die Nachfahren wieder aus und inszenierten bis in den Herbst die Schlachten nach dem immer gleichen Drehbuch. Die Yankees gewannen, der Süden verlor. Danach trank man gemeinsam Bier am Lagerfeuer, und wenn der Alkohol den Verlierern zu Kopf stieg, dann träumten sie, was wohl gewesen wäre, hätten die Konföderierten aus dem Süden wirklich Philadelphia, Baltimore oder Washington eingenommen. Ich hatte mir solche Schlachtspiele schon ein paar Mal angesehen. Beim ersten Mal war es mir vorgekommen wie ein Abenteuer-Urlaub für Nostalgiker, beim zweiten Mal begriff ich den psychologischen Sinn des Ganzen: Ein Trauma, das man immer wieder durchspielt, verliert seinen Schrecken – und dieses verlor auch seine politische Brisanz. Die Südstaatler, die jeden Sommer ihre klimatisierten Einfamilienhäuser verließen, um die Rollen ihrer Vorväter einzunehmen, schossen und brüllten nicht mehr für Sklaverei und Sezession. Sie schossen und brüllten für einen bodenstämmigen „way of life“, der sich dem industrialisierten Norden und der übermächtigen Zentralregierung entgegenstemmte. Das war, historisch betrachtet, nicht falsch, aber eben nur die halbe Wahrheit. So blieb das Spektakel eine weiße Angelegenheit. Schwarze fand man kaum unter den Zuschauern. Jedenfalls konnte sich der Inder an keine erinnern.

Ich fuhr auf einer Landstraße durch die Schlachtfelder rund um Gettysburg. Zwischen sanft geschwungenen Hügeln standen alte, weiße Farmhäuser. Knorrige Zäune markierten Pferdekoppeln. Kirschbäume blühten. Die Kanonen im Gras wirkten nicht bedrohlich, nur absonderlich, als hätte eine Theatergruppe ihren Fundus über die Wiesen gestreut.

Ich hatte zwei Schwarz-Weiß-Fotos dabei. Eines zeigte einen toten Scharfschützen der Konföderierten, dessen Gewehr an einer Felswand lehnte; das andere die Leichen von sechs Soldaten irgendwo auf diesen Wiesen, die Köpfe grotesk verrenkt, die Bäuche aufgequollen.

Hier, in Gettysburg, hatte der Süden die entscheidende Schlacht verloren. Es war der letzte Vorstoß der Südstaaten-Armee auf nördliches Territorium gewesen. Nach drei Tagen Kampf hatten 97 000 Soldaten der Union 75 000 Konföderierte aufgerieben und zum Abzug gezwungen.

Für die Bürger der Stadt war der Horror nach dem 3. Juli 1863 nicht zu Ende gewesen. Am 4. Juli hatte es in Strömen zu regnen begonnen. Die Gettysburger stapften mit Tüchern vor dem Mund hinaus in die verschlammten Wiesen und sammelten die Toten und Verletzten ein. 6000 Mann waren gefallen und von den eigenen Kameraden, wenn überhaupt, nur notdürftig verscharrt worden. Über 20 000 lagen verwundet oder sterbend im Gras. Die Bürger schleppten sie in die Schulen und Kirchen, hörten wochenlang ihre Schreie und schreinerten Särge. Über vier Monate später, am 19. November, hielt Abraham Lincoln zur Einweihung des Soldatenfriedhofs eine kurze, schmucklose Rede. Es war keine Siegesrede, sondern eine Verneigung vor den Toten. Keine triumphale Rhetorik, sondern 272 Worte, aus denen auch der Schock über das Ausmaß des Blutvergießens herauszuhören war – Blutvergießen im Kampf um den Erhalt einer Nation, „in Freiheit gezeugt und dem Grundsatz verpflichtet, dass alle Menschen gleich geschaffen sind". Die Presse maß der Ansprache damals keine Bedeutung bei – nicht ahnend, dass die „Gettysburg Address" zu einer Messlatte für die Moralität amerikanischer Politik werden würde. „Es ist an uns", sagte Lincoln, „dass wir hier feierlich erklären, diese Toten sollen nicht umsonst gestorben sein, dass die Nation, mit Gottes Beistand, eine Neugeburt der Freiheit erlebe und dass das Regieren des Volkes durch das Volk und für das Volk von dieser Erde nicht wieder vergehen soll."

Die Tage nach der Schlacht sind nie Teil der jährlichen Inszenierung geworden. Aber einige Gäste hatten dem indischen Motelpächter erzählt, in der Abenddämmerung könne man auf den Wiesen die Geister der gefallenen Soldaten hören.

Ich musste bis Harper's Ferry in Virginia fahren, um in den Kulissen des Bürgerkriegs den ersten Schwarzen zu treffen. „Willkommen im John Brown-Museum", sagte William Banks. „Man nennt es auch das Haus des Terroristen." Ranger Banks stand nicht stramm, aber kerzengerade und trug seine Uniform wie eine zweite Haut. Grüne Hose, graues Hemd, am Ärmel der Aufnäher des „National Park Service", zuständig für die Instandhaltung und Verwaltung des Grand Canyon und anderer Naturlandschaften sowie historischer Stätten wie Gettysburg und Harper's Ferry. Banks trug eine Brille und keine Waffe, was ihm wiederum etwas sehr Ziviles verlieh. Ihm war jene beobachtende Höflichkeit von Menschen zu eigen, die genau taxieren müssen, ob sie Freund oder Feind vor sich haben. Die Bemerkung über das „Haus des Terroristen" hatte er sich erst erlaubt, nachdem er mich über meine Reise ausgefragt hatte.

Manche Besucher wollten mit ihm fotografiert werden; andere hatten ihn angespuckt oder ihm Prügel angedroht. Ranger Banks hätte nie behauptet, die Feindseligkeiten wären gegen seine Hautfarbe gerichtet. Sie waren eher an den Mann adressiert, dessen Andenken er in diesem Museum zu bewahren hatte. Aber das hatte wiederum viel mit seiner Hautfarbe zu tun.

Bei Harper's Ferry mündet der Shenandoah in den Potomac, der von dort als mächtiger Strom weiter nach Washington fließt. Es war, wie schon in Paterson, der Reichtum an Wasser, der Harper's Ferry Anfang des 19. Jahrhunderts zu einer kleinen Industriestadt gemacht hatte. Mühlen lieferten die Energie für Waffenschmieden und Baumwollfabriken, und die Bundesregierung hatte hier eines ihrer Waffendepots errichtet. In der Nacht des 16. Oktober 1859 marschierte eine kleine Gruppe bewaffneter Männer von Sandy Hook in Maryland nach Harper's Ferry in Virginia – über jene Grenze, die damals für jeden Schwarzen die Linie zwischen Freiheit und Sklaverei markierte.

Der Trupp nannte sich „Provisorische Armee der Vereinigten Staaten“, bestand aus vierzehn Weißen und fünf Schwarzen und wurde angeführt von „Oberbefehlshaber“ John Brown, einem 59-jährigen Weißen, der mit der Radikalität des religiösen Eiferers zum Kreuzzug gegen die Sklaverei aufgerufen hatte. Brown wollte in Harper's Ferry das Waffendepot plündern, mit der Beute entflohene Sklaven ausrüsten, von den Bergen aus einen Guerilla-Krieg gegen Sklavenbesitzer beginnen und so den großen Aufstand aller Schwarzen herbeiführen.

Es war ein wahnwitziger Plan. Bei dem Scharmützel um das Waffendepot wurde unter anderem der Bürgermeister von Harper's Ferry erschossen. Zwei Tage später war Brown gefangen genommen, am 2. November sprach ihn eine Jury im benachbarten Charles Town in allen Anklagepunkten schuldig: lebenslang für Mord und Hochverrat, Todesstrafe für „Verschwörung mit Sklaven“. Viele Zeitungen im Süden vermuteten hinter der Attacke auf Harper's Ferry eine groß angelegte Kampagne aus den Nordstaaten. „Wenn unser Staat attackiert wird“, schrieb der „Richmond Enquirer“ in Virginia, „wenn unsere friedliebenden Bürger ermordet werden von jenen, die unsere engsten Freunde sein sollten ..., dann soll die Einheit eben zerfallen.“

Brown erlebte den Bürgerkrieg nicht mehr, aber er prophezeite ihn. Wenige Stunden vor seiner Hinrichtung am 2. Dezember 1859 kritzelte er in seiner Zelle seine letzten Sätze auf ein Stück Papier: „Ich, John Brown, bin nun überzeugt, dass die Verbrechen dieses schuldigen Landes nur durch Blut gesühnt werden können.“

Ich fragte mich, wie man alljährlich den Sturm auf Harper's Ferry inszenierte. Ranger Banks sah mich ungläubig an: „Nachspielen? Wie wollen Sie das nachspielen? Am Ende müssten Sie den Hauptdarsteller hängen.“

Das war das eine Problem.

Das andere bestand darin, dass noch lange nicht entschieden war, ob John Brown als Held oder Verräter in die Geschichte eingehen sollte. Das John-Brown-Museum war für schwarze Amerikaner ein Wallfahrtsort, für viele Weiße aus dem Süden hingegen ein Schandfleck. Die Stimmung, sagte Ranger Banks, sei nach dem 11. September 2001 deutlich aggressiver geworden. Ranger Banks hatte seitdem ein „Deeskalationstraining“ des „National Park Service“ besucht, und wusste, wie man wutschnaubenden Besuchern begegnete, die in dem Museum die Huldigung eines Terroristen zu erkennen glaubten. „Sehr höflich bleiben. Nie diskutieren. Immer betonen, dass jeder das Recht auf seine Meinung hat.“ Letzte Woche hatte ihm ein Herr aus South Carolina ausführlich dargelegt, dass Sklaverei zu den damaligen Zeiten durchaus mit dem Recht auf Eigentum zu vereinbaren und gegen Browns Hinrichtung deshalb nichts einzuwenden gewesen sei.

Solche Reden, sagte Ranger Banks, führten nicht irgendwelche „rednecks“ mit speckigen Baseballkappen und leeren Bierdosen auf dem Hintersitz. Die kämen ohnehin nicht ins Museum. Solche Reden führten gut situierte ältere Herren, die das Logo ihrer Golfclubs auf den Polohemden eingestickt hatten. „Finden Sie nicht auch, dass der Kerl aussieht wie Osama bin Laden?“, hatte der Herr aus South Carolina noch gesagt und war grußlos gegangen.

Ich blickte auf ein Photo von Brown und sah ein zermürbtes Vogelgesicht mit hängenden Augenlidern und einer Nase, die einem Schnabel glich. Der Mann war ein Getriebener gewesen, das konnte man sehen. Bis auf den wallenden weißen Bart bestand nicht die geringste Ähnlichkeit mit Osama bin Laden. Aber dann war eben noch dieser eine Satz: „Ich bin nun überzeugt, dass die Verbrechen dieses schuldigen Landes nur durch Blut gesühnt werden können.“ So redete auch bin Laden. Nun verschmolzen sie in den Köpfen mancher Museumsbesucher zu ein und demselben Teufel: bin Laden, der narzisstische und effiziente Massenmörder, der an Amerika paradoxerweise vieles geißelte, was auch die religiösen Bürger des Landes verabscheuten; und John Brown, der selbst ernannte „Arm Gottes“, der seine weißen Landsleute für ein Menschheitsverbrechen bestrafen wollte. Schlimmer noch: der mit seinem Traum von der großen Sklavenrebellion im Bewusstsein Amerikas eine Angst freigelegt hatte, die in den 60er Jahren mit den Aufständen in den Ghettos der Großstädte wieder auflebte: die Furcht vor einem Aufruhr der Schwarzen. „Wenn ihr für mich seid, dann müsst ihr bereit sein, zu wagen, was der alte John Brown gewagt hat.“ Dieses Zitat von Malcolm X hing in einer Ecke des Museums. Aber sie war schlecht beleuchtet.

Der nächste Touristenbus war vorgefahren, eine Reisegruppe älteren Jahrgangs aus Georgia. Frauen mit makellos weißen Kurzhaarfrisuren und makellos weißen Turnschuhen marschierten forschen Schritts zum Postkartenstand. Ihre Männer fummelten an ihren Videokameras. Ranger William Banks stand kerzengerade hinter der Theke, legte beide Hände auf die Glasplatte. „Willkommen in Harper's Ferry", sagte er dieses Mal. „Warum", fragte ich noch hastig, „kommen überhaupt so viele alte Leute aus dem Süden hierher, wenn sie sich doch nur aufregen?" Er zeigte mit dem Finger auf einen Gedenkstein vor der Tür. Am 15. September 1862, als der Sieg der Südstaaten noch möglich schien, hatten die Konföderierten in Harper's Ferry 12 500 Soldaten der Union gefangen genommen. „Dieses war die größte Kapitulation von Streitkräften der USA bis zum Zweiten Weltkrieg." So war es auf dem Stein eingraviert. Und so, wie es da stand, klang es sehr stolz.

3. Beckley, West Virginia: Das Turnier der Verlierer

Gleich hinter der Grenze zwischen Virginia und West Virginia verengte sich die Landschaft, als hätte jemand die Kulissen zusammengeschoben. Die Straßen wurden beängstigend schmal, links und rechts ragten zerklüftete Felsen empor, das Licht wurde spärlich, das Grün der Wälder verwandelte sich in ein feindseliges Schwarz. Wer hier lebte, hatte sich seinen Platz ertrotzt. In der Schlucht hinter der nächsten Kurve tauchten plötzlich die verrosteten Förderbänder eines Kohlebergwerks auf. Ein paar Meilen weiter quetschten sich Orte mit zwei Dutzend Häusern und drei Kirchen an ein Flussufer. Sie trugen Namen wie Van oder Bim. Es gab in dieser Gegend nichts zu verschwenden, auch keine Vokale. Beckley hatte immerhin zwei Silben, eine Innenstadt mit vernagelten Fenstern und eine Durchgangsstraße mit der amerikanischen Tristesse aus Neon-Schildern und Fertigbauschachteln, auf denen es blau, gelb oder rot leuchtete: „Walmart", „AutoZone", „Checkers", „Kroger". „Kroger" war der Supermarkt, ein riesiger, leise surrender Kühlschrank mit automatischen Türen. Jeder Mitarbeiter musste sich hier einem Drogentest unterziehen, bevor er Hand an die Ware legen durfte. Das stand am Eingang als gute Botschaft neben den Sonderangeboten für Grillkohle und Budweiser.

Ich suchte ein Motel. Das „Ramada Inn" lag auf einer Anhöhe neben der Autobahn. Ein „a" war irgendwann aus der Leuchttafel gefallen, aber das „God bless America" darunter klebte unverrückbar. Der Rezeptionist wog an die 150 Kilo und keuchte, als er meine Adresse und mein Autokennzeichen in den Computer eintippte. Er musterte erst mein Großstadtgesicht und dann durch die Glastür meinen unscheinbaren Mietwagen. Der typische Gast fuhr einen Pick-Up-Truck und hatte mindestens zwei Tattoos.

Wann immer ich New Yorker Freunden auf der Landkarte meine Reiseroute gezeigt und mit dem Finger auf West Virginia getippt hatte, hatten sie mit den Augen gerollt, als hätte ich in ihrem Haus einen verwahrlosten Verwandten entdeckt. „Redneck Country" murmelten sie. Weiße Armutsecke in den Appalachen. Wohnwagenparks, billiges Bier, schlechte Zähne und hinter jedem Hügel ein Wanderprediger. „Der Anteil von Frauen auf dem Arbeitsmarkt ist gering", stand im Almanach der „New York Times", „und das Schulbildungsniveau liegt weit unter dem nationalen Durchschnitt."

Also hatte ich in New York niemandem meine Mitgliedskarte der amerikanischen Bergarbeitergewerkschaft gezeigt: „United Mine Workers of America, 6th District, 19 Local 93, Number 1473, West Virginia". Streikende Bergarbeiter hatten mir vor zehn Jahren den blauen Ausweis in die Hand gedrückt – ehrlich gerührt, dass sich eine Reporterin aus Deutschland, dem Inbegriff gewerkschaftlicher Macht, für ihren Arbeitskampf interessierte. Sie waren damals alle in Camouflage gekleidet, spuckten Kautabak auf den Boden und hielten ein Transparent in die Höhe: „God, Guns and Guts Created the UMWA". Gott, Gewehre und Courage haben die Bergarbeitergewerkschaft Amerikas geschaffen. Aber da stand Gott schon lange nicht mehr auf ihrer Seite, und ihre Waffen hatten sie auf Anordnung der Streikleitung zu Hause lassen müssen. Als ein paar Stunden später die Busse mit den Streikbrechern an ihnen vorbeirollten, reckten sie wort- und hilflos den ausgestreckten Mittelfinger in die Luft. Mir fiel ein, was ein Gewerkschaftsanwalt über das Schicksal der amerikanischen Arbeiterbewegung gesagt hatte: „Einfach an den Streikposten vorbeigehen und seinen eigenen Deal machen. Amerika ist das Land der unbegrenzten Möglichkeiten, und ein Streik schafft manchmal nichts weiter als eine Menge Möglichkeiten."

In Beckley war die letzte Zeche schon vor Jahren geschlossen worden. Touristen, wenn sie sich denn hierher verirrten, konnten in sauber geschrubbten Kohlewagen in den stillgelegten Schacht einfahren. Das war die eine Attraktion der Stadt. Die andere war das „Toughman"-Turnier, auf dem der „härteste Mann von Süd-West Virginia" gekrönt wurde.

Es begann jedes Jahr mit der immer gleichen höhnischen Herausforderung: In Kneipen, Tankstellen und Supermärkten tauchten im Frühjahr die Flugblätter mit dem muskulösen Faustkämpfer auf. „Are You Tough Enough?", stand fett gedruckt darauf. „Bist Du hart genug?" Hart genug für drei Runden im Ring, für mindestens einen, vielleicht sogar vier Kämpfe. „Wimps Need Not Apply!" Waschlappen brauchten sich gar nicht erst anzumelden.

Am Wochenende des Turniers wurde das „Ramada Inn" zur Boxer-Herberge. 49,90 Dollar kostete das Zimmer – Teilnehmer bekamen Rabatt. Sie kamen aus Van und Bim und Danville, aus Mount Hope, Tams und Blair. Kellner, Wal-Mart-Kassierer, Krankenpfleger, UPS-Fahrer, Gefängniswärter, aber nur wenige Bergarbeiter. Das Turnier war kein Ort, an dem die Malocher der alten Industriegesellschaft ihre Kräfte maßen. Der „Toughman"-Wettbewerb war in Amerika Anfang der 80er Jahre populär geworden, als die Stahlkonzerne ihre Produktion nach Asien auslagerten, die Autohersteller Tausende auf die Straße setzten und immer mehr Kumpel in den Bergwerken durch Maschinen ersetzt wurden. 1960 hatten in West Virginia 50 000 Männer in den Kohlegruben gearbeitet, und fast jeder von ihnen gehörte zur UMWA. 2002 beschäftigten die Bergwerksgesellschaften noch 15 000 Arbeiter – und von denen waren nicht einmal mehr 40 Prozent gewerkschaftlich organisiert. Wahrscheinlich erklärte das die wachsende Beliebtheit des „Toughman"-Turniers. Je weniger Jobs es für wahre Männer gab, desto wichtiger wurde der Boxring.

Frauen durften inzwischen ebenfalls kämpfen – so viel Gleichberechtigung war bis West Virginia vorgedrungen. Der Sieger bekam 1000, die Siegerin 750 Dollar. Profi-Boxer waren von der Teilnahme ausgeschlossen, niemand durfte mehr als fünf reguläre Amateurkämpfe hinter sich haben. Es gab je zwei Gewichtklassen: Für Männer bis 82 und bis 180 Kilo. Frauen boxten bis 70 Kilo im Leichtgewicht. Im Schwergewicht war die Grenze nach oben offen.

Ich hatte mir über die Jahre mehrere „Toughman"-Turniere angesehen. Beckley konnte immer wieder eine Besonderheit bieten: Den Auftritt des boxenden Ehepaares, Wendy und Keith Cline, auch genannt „Wendy, the Warrior" und „Knock Out-Keith".

Wendy war 29, Kosmetik-Beraterin und schulte in einer Baptisten-Kirche auf Predigerin um. Keith, 34, arbeitete bei der Eisenbahn. Es war ihr Traum, einmal zusammen härtester Mann und härteste Frau von Süd-West Virginia zu werden. Sie hatten sich drei Monate lang auf das Turnier vorbereitet: Joggen, Seilspringen, Sparring. Wendy war schlank und offensichtlich durchtrainiert. Bloß sah sie mit ihren großen Rehaugen, ihrem strahlenden Lächeln und ihrem lila-farbenen Trainingsanzug alles andere als kriegerisch aus. Es dauerte keine zehn Minuten, da hatte sie mich zum ersten Mal umarmt, weil einfach alles „großartig" war: die Boxhalle, Gott, Beckley und vor allem ihr Mann. Bei „Knock Out-

Keith" hatte das Training keine sichtbaren Spuren hinterlassen. Keith Cline ließ sich am ersten Abend des Turniers mit einem Kampfgewicht von 115 Kilo bei einer Größe von 1,80 Meter eintragen. Als er von der Waage stieg, nahm ihn Wendy bei der Hand, zog ihn in eine Ecke und kniete nieder zum Gebet. Es sollte noch viel gebetet werden an diesem Wochenende, aber niemand betete so inbrünstig wie das Ehepaar Cline.

Der Turnierleiter, ein Ex-Marine mit makellosem Smoking und dem Gebaren eines Pariser Conférenciers, hatte mir einen Platz direkt am Ring angewiesen. Als ich um sechs Uhr in die Sporthalle kam, waren die Reihen noch leer, nur die Boxer warteten in der Kabine, um sich vom Ringarzt untersuchen zu lassen. Die meisten Kämpfe entschieden sich hier in den Stunden vor dem ersten Gong, als jeder allein war mit seiner Angst.

Die Jüngeren tänzelten nervös, ließen den Kopf im Nacken kreisen, schlugen Haken in die Luft – all das mit einer Blässe im Gesicht, die es ratsam erschienen ließ, sich nicht zu weit von der Toilette zu entfernen. Die Älteren saßen herum, spuckten Kautabak in Cola-Dosen, unterhielten sich leise und irgendwie verlegen, als wäre es ihnen unangenehm, zu viel über jemanden zu erfahren, auf den man gleich einschlagen soll. Das Licht in der Arena war schummrig, nur der Ring mit seinen gelb-schwarzen Seilen war erleuchtet wie ein monströser Altar. Zwei Sanitäter schoben eine Trage in die Kabine, beladen mit Erste-Hilfe-Koffern, Beatmungsmasken und Krücken.

Punkt acht Uhr war die Halle bis auf den letzten Platz besetzt. Großmütter schoben sich mit Gehhilfen durch die Reihen, Kleinkinder kletterten auf die Schultern ihrer Väter, Schülercliquen quetschten sich in die Gänge. Mit einem Mal herrschte Totenstille. 4000 Menschen erhoben sich von ihren Sitzen. Vier junge US Marines mit rasierten Köpfen und grimmigen Milch-Gesichtern präsentierten im Ring Gewehr und Sternenbanner. Unter der Fahne schmetterte Peanut Holly die Nationalhymne. Holly, die „Erdnuss“, war nur 1,55 Meter groß, aber unbestritten der beste Hymnensänger in der Stadt.

„Einen besonderen Applaus für unsere Jungs im Krieg gegen den Terrorismus“, rief der Turnierleiter mit seinem öligen Bass ins Mikrofon. „Und ein besonderer Dank an die Jungs von ‚Outer Limits‘, dem heißesten Nachtclub, der die bezaubernden Ringgirls ausgesucht hat.“

Der erste Schlag des Abends war keine Gerade, kein Haken, eher eine gewaltige Ohrfeige mit der Innenseite des rechten Handschuhs von Evan „The Bomber“, einem 108 Kilo schweren Holzverkäufer. Sie traf die Schläfe von „Big John“, einem Kellner mit einem Kampfgewicht von 112 Kilo. „Big John“ riss den Kopf zurück, für einen Sekundenbruchteil sah er erstaunt aus, als sei ihm in diesem Augenblick erst klar geworden, worauf er sich da eingelassen hatte. Dann zog er den Schädel zwischen die Schultern und stürzte auf den „Bomber“ zu.

Die beiden lieferten sich einen furiosen Kampf. Ohne jede Finesse holten sie mit ihren Armen weit aus wie Schauspieler bei einer Saloon-Schlägerei. Aus den Musikboxen dröhnte „Takin’ Care of Business“ von Bachman-Turner-Overdrive. Mitte der zweiten Runde standen sie einander gegenüber wie zwei schiefe Türme. Wann immer der eine keuchend vornüber zu kippen drohte, brachte ihn ein Schlag des anderen wieder ins Gleichgewicht. Das Publikum war aus dem Häuschen, doch „Big John“ warf nach der zweiten Runde das Handtuch. Seine Nase blutete heftig, er hatte zu viele Kopftreffer eingesteckt. Die Zuschauer buhten, aus den Lautsprechern ertönte Babygewimmer. „Big John“ hatte die wichtigste Regel des „Toughman"-Turniers verletzt: Man muss nicht gewinnen. Oft lieben die Leute den Verlierer mehr als den Sieger. Aber der Verlierer darf nicht aufgeben, er darf nicht am Boden bleiben. Das passiert im wahren Leben oft genug.

Einer nach dem anderen stiegen sie in den Ring – ausgerüstet mit Boxhandschuhen, Kopfschutz, Mundstück, Tiefschutz und ihrem Kämpfer-Namen.

Mark „The Diesel", ein 23-jähriger Hilfsarbeiter, holte in der ersten Runde einen 19-jährigen Holzfäller von den Beinen. „The Diesel" hatte in den letzten zehn Monaten 40 Pfund abgenommen – „von 120 runter auf 100 Kilo" – weil sein Boss bei „C. Adam Tires" die Mittagspausen gestrichen hatte. Dort wechselte „The Diesel" Reifen für sechs Dollar Stundenlohn.

Allan „The Terminator", von Beruf Gefängniswärter, gewann trotz regelwidriger Kopfstöße gegen Ethelbert „Megadef", den einzigen Schwarzen im Turnier, der sich als „arbeitsloser Rapmusiker" vorgestellt hatte. Das Publikum pfiff und buhte. Beckley mochte kein gutes Pflaster für schwarze Rapper sein, aber beim Boxen legte man Wert auf Fairness.

Weil sich bei den Frauen nur zwei Kämpferinnen in jeder Gewichtsklasse gemeldet hatten, erreichte Wendy „The Warrior" kampflos das Finale am nächsten Tag. Sie feuerte ihren Mann an und dirigierte gleichzeitig ihren Schwager mit der Videokamera, „damit unsere Kinder das später mal sehen." Die wollten sie zeugen, wenn der doppelte Turniersieg vollbracht war.

„Knock Out-Keith" machte mit seinem ersten Gegner kurzen Prozess. Er boxte nicht, er trieb ihn in der Manier eines Grizzlybären durch den Ring. Es war nicht schön anzusehen, aber das Publikum liebte diese Kraftwalze. Anfang der zweiten Runde gewann er durch technischen K.O.

Das Rahmenprogramm bestritten die Marines in ihren Gardeuniformen. Sie boten galant den Ringgirls den Arm, die sich, bekleidet mit Budweiser-Bikinis und hochhackigen Schuhen, wie staksige Rehe in den Seilen verhedderten. Sie organisierten eine Tombola und einen Klimmzug-Wettbewerb. Und sie verteilten Aufnahmeformulare. Beckleys Jugend scharte sich um ihren Tisch, fasziniert vom disziplinierten und elitären Gebaren der Soldaten und von der Klarheit, die eine Uniform ins Leben zu bringen schien. „Kommt zu uns ins Ausbildungslager", sagte ein Obergefreiter mit dem Gesicht eines Zehntklässlers. „Dann sehen wir, wie hart ihr wirklich seid." Über 70 Namen standen am Ende auf der Liste potenzieller Rekruten.

Vielleicht war das genau der Abend, an dem man in der stickigen Geborgenheit einer großen, rauen Familienfeier solche Entscheidungen traf; an dem jeder 17-jährige plötzlich den Rest seines Lebens vorbeiziehen sah: nach der Highschool ein Job als Mechaniker bei „C. Adam Tires" oder als Kellner bei „Shoney's" oder als Gefängniswärter in der neuen Haftanstalt am Stadtrand. Heiraten, Kinder, Scheidung. Das Haus, den Pick-Up-Truck und die Couchgarnitur anzahlen, ein Leben auf Pump. Am Wochenende zum Angeln, im Herbst in die Wälder zum Jagen. Kleine Fluchten, zumindest für die Männer. Mit der Armee kam man wenigstens ein paar Jahre aus West Virginia heraus. Ihre Väter und Großväter hatten es so gemacht. Jetzt taten es Söhne und Enkel, und niemand machte sich Illusionen auf die große Karriere im Militär. West Virginia war nicht der Heimatstaat der Generäle, sondern der Gefreiten und Sergeanten – unter ihnen immer mehr junge Frauen. Aus West Virginia stammten die Gesichter des „guten" und des „hässlichen" Amerika im Irak-Krieg: die Soldatin Jessica Lynch, die nach ihrer spektakulär inszenierten Befreiung aus irakischer Gefangenschaft zur Heldin wurde; und die Soldatin Lynndie England, die sich in einem Bagdader Gefängnis fotografieren ließ, wie sie nackte irakische Gefangene an einer Leine über den Boden schleifte. Ich meldete mich in einer Kampfpause für den Fitnesstest der Marines. Bei den Männern siegte, wer die meisten Klimmzüge schaffte, bei den Frauen gewann, wer mit angewinkelten Armen so lange wie möglich an der Turnstange hing. Ich schaffte zwanzig Sekunden und hatte nicht den Hauch einer Chance gegen die lokale Konkurrenz. Die Siegerin behielt fast eine Minute das Kinn über der Stange. Der Obergefreite überreichte ihr als Preis ein Jagdmesser. „Die Armee und unser Bundesstaat“, sagte der Turnierleiter, „waren schon immer eng verbunden.“

Er meinte das ohne jeden Sarkasmus, weil er bei Krieg an Bagdad dachte, an Japan, Vietnam und die Normandie, nicht aber an Logan County und Charles Town, nicht an die Armee, die einst mit Giftgas und Bomben nach West Virginia marschiert war.

Die vier Marines in der Sporthalle hatten nie vom großen Aufstand der Bergarbeiter gehört. Aber die Bibliothekarin von Beckley wusste, was ich suchte. Ich war am Morgen vor dem zweiten Turnierabend in die Stadtbücherei gegangen. „Schusswaffen und Munition verboten“ stand an der Eingangstür. Die Bibliothekarin war eine kleine, übergewichtige Frau mit Brille und lieblos kurz geschnittenen Haaren. Als sie erfuhr, dass ich eigentlich wegen des Boxturniers in die Stadt gekommen war, runzelte sie missbilligend die Stirn und wandte sich wieder dem Papierstau im Kopiergerät zu. „Die Rebellion von 1921? Sie meinen den Bergarbeiter-Krieg“, sagte sie mürrisch. „Rechte Ecke, letztes Regal, da, wo ‚Lokalgeschichte‘ draufsteht.“

Es war mehr als nur Lokalgeschichte: Im August 1921 waren 15 000 bewaffnete Bergarbeiter aus Süd-West Virginia nach Logan und Mingo County marschiert, um inhaftierte Gewerkschafter zu befreien. Sie wollten die Gefängnisse sprengen, die Sheriffs aufhängen und den ganzen Süden des Bundesstaates gewerkschaftlich organisieren. „Bist du Manns genug, um zu kämpfen?", stand damals auf ihren Plakaten. Das klang vertraut. „Are You Tough Enough?"

Ihnen gegenüber stand die lokale Polizei und die verhassten Privatmilizen der Minenbesitzer, die sie tagtäglich terrorisierten. Wer mit der Gewerkschaft sympathisierte, kam auf die schwarze Liste, wurde gefeuert, verprügelt und sah oft sein Haus in Flammen aufgehen. Während des Ersten Weltkriegs hatten die Arbeiter stillgehalten, hatten Sonderschichten für Sieg und Freiheit geschoben. Nun aber forderten sie höhere Löhne, das Recht, sich gewerkschaftlich zu organisieren, und den Abzug der Privat-Milizen – wenn es sein musste, mit Gewalt. „Das Recht auf Waffenbesitz ist das einzige, was uns noch geblieben ist", rief einer ihrer Anführer.

Beide Seiten machten Gefangene, beide Seiten folterten. Die Minenbesitzer mieteten Flugzeuge an, um die Arbeiter aus der Luft zu bombardieren. Dass es am Ende nur ein paar Dutzend Tote gab, mag der damals noch primitiven Rüstung der Flugzeuge geschuldet gewesen sein. „Kill all the rednecks you can", lautete das Kommando aus dem Hauptquartier der Bergwerksbesitzer. Doch die „rednecks", die Arbeiter, waren nicht aufzuhalten. Sie hatten ehemalige Soldaten in ihren Reihen, Veteranen aus dem Ersten Weltkrieg, die an die Aufständischen weitergaben, was sie im Kampf gegen die Deutschen an militärischer Taktik gelernt hatten. Innerhalb weniger Tage kontrollierten sie mehrere Gemeinden. „Kämpfe in den Bergen gehen weiter", meldete die „New York Times" ihrer verschreckten Leserschaft an der Ostküste. „Flugzeuge sollen Bergarbeiter bombardiert haben. Schwere Feuergefechte brechen nicht ab." Washington hatte genug: Am 30. August 1921 verhängte Präsident Warren Harding über den Bundesstaat West Virginia das Kriegsrecht und entsandte 2500 Soldaten mit Maschinengewehren und vierzehn Kampfflugzeuge mit Giftgas- und Schockbomben. Die Bergarbeiter kapitulierten im Angesicht dieser Übermacht. „Brecht den Marsch ab", riefen ihre Anführer. „Geht nach Hause. Geht wieder an die Arbeit. Wir können es mit den Minenbesitzern und mit der Regierung von West Virginia aufnehmen, aber, bei Gott, nicht mit der Regierung der Vereinigten Staaten von Amerika." Einer ihrer Anführer mit dem aufrührerischen Namen Bill Blizzard wurde in Charles Town des Hochverrats angeklagt, im selben Gerichtsgebäude, wo 62 Jahre zuvor John Brown zum Tode verurteilt worden war. Blizzard wurde frei gesprochen und in einem Triumphzug durch die Stadt getragen. Das war der kleine Sieg einer verlorenen Sache.

Ich stellte mir das Ganze vor wie einen Stummfilm von Sergej Eisenstein. Arbeitertrupps mit zerrissenen Joppen, zerfurchten, hageren Gesichtern, pathetisch gestikulierende Anführer mit geballten Fäusten in hellem Licht, dann die ersten Schatten der heranrückenden Soldateska.

Die Augenzeugenberichte klangen anders. „Bei aller Wut und Bitterkeit", schrieb einer, „herrschte bei diesen Massenaktionen eine ungemeine Fröhlichkeit, eine festliche Stimmung. Es war eine willkommene Unterbrechung eines monotonen, zermürbenden Alltags." Das konnte man auch über das „Toughman"-Turnier sagen.

Am Samstag, dem zweiten Tag des Wettbewerbs, wurden vor den Endkämpfen der Männer die „härtesten Frauen" von Süd-West Virginia ermittelt. Im Leichtgewicht boxte Amy „The Dynamite", 21 Jahre alt, gegen „Crazy Aymee", eine 26-jährige Hundefängerin. Amy „The Dynamite" hielt sich für härter als „Crazy Aymee", weil ein Ex-Freund ihr einmal das Jochbein zertrümmert hatte. Doch die Hundefängerin besaß die größere Reichweite und siegte klar nach Punkten.

Wendy „The Warrior" lieferte den besten Kampf des Turniers. Wendy und Heather „The Educator", eine Lehrerin in der Strafvollzugsanstalt, schlugen schulmäßige Kombinationen und ließen nie die Deckung sinken. Das Publikum feuerte nicht an, es murmelte fast widerwillig seine Anerkennung. Dieser Fight war schön anzusehen, aber er hatte nichts mit dem Drama des „Toughman" zu tun, mit dem Mut der Verzweiflung, den blutigen Nasen und der herausgebrüllten Liebe für jeden, der mehr Schläge einsteckte, als er austeilen konnte. Wendy tänzelte scheinbar mühelos durch den Ring, schlug ansatzlose Geraden, federte gegen die Seile. Sie gewann durch technischen K.O. in der zweiten Runde nach einer linken Geraden gegen den Solarplexus und war darüber so erschüttert, dass sie ihre japsende Gegnerin mitten im Ring zum Gebet auf die Knie zog. Die Kampfrichter schüttelten die Köpfe. Verstehe einer die Weiber!

Der große Traum der Clines erfüllte sich nicht in diesem Jahr. Keith scheiterte im Halbfinale an Evan „The Bomber". Das Joggen und Seilspringen hatte nicht gereicht, in der dritten Runde schlug er nur noch Löcher in die Luft. Die Boxhandschuhe wogen schwer wie Blei, das Mundstück wurde zum Knebel. Der „Bomber" schlug nicht allzu heftig zu. Die beiden kannten sich zu gut von den Jahren zuvor. Wendy stand am Ring, ein Handtuch um den Nacken, und weinte. „The Bomber" gewann auch das Finale. Als er mit dem glitzernden Siegergürtel für die lokalen Pressefotografen posierte, strömten die Zuschauer schon den Ausgängen zu. Die aufgeheizte Stimmung war einer müden Friedfertigkeit gewichen.

Die Marines packten ihre Hochglanzbroschüren ein, die Ringgirls schlüpften in Turnschuhe und Trainingsanzüge, der Turnierleiter verabschiedete die lokale Prominenz – den Gewerkschaftssekretär, die Minenbesitzer aus dem Umland, den Polizeichef, die Veteranen, den Inhaber des Nachtclubs. Draußen rollten die Autos im Kriechtempo vom Parkplatz, Pick-up-Trucks mit Monsterreifen, aufgemotzte „Firebirds“, Kleinbusse mit zwei oder drei Kindersitzen. Auf jedem Autokennzeichen waren neben der Nummer die Worte eingestanzt: „West Virginia – wild and wonderful“.

4. Von Beckley nach Huntsville – oder: Die Stimme der „Hillbilly-Nation"

Kurz hinter Beckley hatte ich im Autoradio zwischen Country-Musik und „christlichen Weltnachrichten" die letzten Minuten einer Lyriklesung aufgeschnappt. Es war mühsam, aus dem Dialekt etwas Verständliches herauszuschälen. Die Menschen in den Appalachen dehnen Vokale und verschlucken Konsonanten wie sonst niemand in diesem Land. Sie sprechen einen gleichbleibenden, melancholischen Singsang, der nie so recht zur nationalen Tonlage vom ewigen Aufbruch und Erfolg passt. „This is WMMT 88,7. The voice of the Hillbilly Nation."

Ich wollte von West Virginia nach Huntsville in Alabama. Die Stimme der „Hillbilly Nation" sendete aus Whitesburg, Kentucky. Das lag auf dem Weg, wenigstens ungefähr. Kurz vor der Grenze lud ich ein Sechserpack Corona-Bier in den Kofferraum. Die meisten Gemeinden Kentuckys – so viel hatte ich gelesen – waren „dry counties", in denen es keinen Alkohol zu kaufen gab. In manchen – so hatte ich gehört – wetterten die Prediger sonntags noch gegen Tanzen und Rockmusik.

Hinter Pikeville schlängelte sich die Straße durch Täler, die so eng waren, dass man aus dem Auto an die vernagelten Fenster der Häuser spucken konnte. „I was borned in a ridgepocket … I never seed the sunball without heisting my chin." Der Schriftsteller James Still hat das Leben in diesen Bergen und Tälern und die Sprache seiner Menschen in seinen Romanen verewigt. Den John Steinbeck der Appalachen nennen ihn manche. „In einer Bergspalte kam ich zur Welt … Konnte nie die Sonne sehen, ohne mein Kinn zu recken."

Hinter den Dörfern warnten Schilder: „Vorsicht! Explosionsgefahr!" Die Felswände waren nackt gesprengt. Riesige Bagger schaufelten Erdmassen von den schmutzig grauen Felsterrassen auf Lastwagen. „Mountain Top Removal": Man grub keine Schächte mehr, man trug den Berg ab. So kam man schneller an die Kohle und brauchte weniger Arbeiter. In den Tälern war die Sonne jetzt leichter zu sehen, aber mit dem Berg starben auch die Dörfer.

Der Niedergang von Whitesburg vollzog sich langsamer als in den umliegenden Bergarbeitersiedlungen. Hier hatte Letcher County, die Gemeinde, ihren Verwaltungssitz. Das garantierte ein paar Arbeitsplätze. Die Stadt hatte noch 1600 Einwohner, ein Gemeindegericht, aber kein Autogeschäft, was in den USA mehr über die Wirtschaftslage einer Gegend aussagt als jede Arbeitslosenzahl.

Auch Whitesburg lag wie zusammengefaltet in einer Bergspalte. Die Main Street verlief schmal und kurvig über einen braunen Bach, weswegen manche Wohnungen etwas vermessen als „Riverview Apartments" angeboten wurden. Es gab einen Möbelladen, der an das Warenlager der Heilsarmee erinnerte; einen Pfandleiher, dessen Geschäfte offensichtlich besser liefen; einen Schnellimbiss, tapeziert mit Hochglanzfotos von Rennfahrern. Dazwischen lagen die Büros von Bergwerksbetreibern. Die Radiostation war in einer alten Zementfabrik untergebracht.

Am Schwarzen Brett vor der Kaffeemaschine hingen Hinweise auf Konzerte und Grußkarten von Hörern. Werbe-T-Shirts waren im Angebot – auf dem Rücken prangte das Radio-Logo „The Voice of the Hillbilly Nation". Es war Dienstagvormittag. Willard war auf Sendung – ein pensionierter Bergarbeiter, dem vier Finger an der rechten Hand fehlten. Er schob mit der linken CDs aus seiner stattlichen Sammlung von Bluegrass-Musik ein und hielt den Wortanteil gering. Willard redete nicht gern.

Wochentags sendete WMMT 88,7 Country- und Bluegrass-Musik, sonntags Gospel. So weit passte alles zum Land der Hillbillies, die schwarz gebrannten Schnaps kauften und sonntags in der Kirche warteten, dass der Heilige Geist in sie fuhr. Was nicht passte, war Donnerstags eine Stunde „Rock und Blues mit postfeministischen Kommentaren“ unter dem Titel „Biscuits and Ham“. Was nicht passte, war das allmorgendliche Programm für unterdrückte Nachrichten von FAIR, einer Organisation für „Fairness und akkurate Berichterstattung“, die nachreichte, was etablierte Medien gern ausließen: illegale Giftmülldeponien in Alabama, neue Überwachungsgesetze aus Washington oder eine genauere Lesart der Arbeitslosenstatistiken. Die offizielle Quote lag in Letcher County bei 13,7 Prozent. „Mit zwei oder drei multiplizieren“, sagte Cheryl Marshall. „Dann kommt es ungefähr hin.“ Cheryl hatte die ewig erkältete Stimme einer Kettenraucherin und diskutierte in ihrer Talk-Show jeden Dienstagabend, was gerade die Gemüter bewegte: Fettsucht und Diabetes, zwei Geißeln in einer Region, wo die Armut nicht mehr dünn, sondern dick machte; Bergbaukonzerne, die die Landschaft zerstörten; Landärzte, die gegen ein paar Dollars die lokale Drogenszene mit hochdosierten Schmerzmitteln versorgten; oder die Frage, wie hoch ein Stundenlohn sein musste, um eine dreiköpfige Familie zu versorgen. 10,99 Dollar, hatte der Gemeindedirektor ausgerechnet und vorgeschlagen, den Mindestlohn in Letcher County von den gesetzlich vorgeschriebenen 5,15 Dollar auf 7,15 zu erhöhen.

Manchmal verloste Cheryl Werbe-T-Shirts von WMMT. Ich sah erst jetzt, was vorne auf den Hemden stand: Nicht, wie ich flüchtig gelesen hatte, „One Nation Under God“, sondern „One Nation Underpaid"– nicht ‚Eine Nation unter Gott', sondern ‚Eine Nation im Niedriglohn'.

„Reden Sie auch über den Krieg gegen den Terrorismus?"

„Nein, wir vermeiden politische Themen."

Man hätte jetzt einwenden können, dass auch Mindestlohn und Armut hochpolitische Themen sind. Aber das war nicht der Punkt. Amerikaner haben eine sehr eigene Definition des „Politischen". Das Adjektiv „politisch" ist ein Warnsignal: ‚Achtung!' blinkt es, ‚jetzt wird's schmutzig! Oder gefährlich. Oder beides.' Es ist gewissermaßen ein Code-Wort für Blasphemie. Es gab zwei Dinge, die man bei WMMT nur in Gedanken, nicht aber am Mikrofon anzweifeln durfte: Gott und die Armee.

In der Küche hatte sich die ganze Belegschaft versammelt, um mich in Augenschein zu nehmen. Es kam nicht allzu oft vor, dass ausländische Journalisten vorbeischauten. „Schreiben Sie bloß nicht, dass wir Exoten sind", sagte ein schmächtiger Mann mit einem üppigen Schnauzbart. Nein, ich hatte keine Exoten vor mir, sondern Veteranen. Die „Stimme der Hillbilly Nation" gehörte zu einer Institution, die in einem längst vergessenen Krieg geboren worden war.

Vor über 30 Jahren waren in Whitesburg Männer mit Ostküsten-Akzent, Filmkameras und erstaunlich viel Geld aufgetaucht. Die Bundesregierung in Washington hatte sie geschickt, um die Jugend in der weißen Armutsecke für neue Jobs als Tontechniker, Cutter oder Kameraleute in New York, Chicago oder Los Angeles auszubilden. Das war 1969. Lyndon B. Johnson, der vorläufig letzte Präsident, der ungenierten Machismo mit progressiver Innenpolitik verband, führte in Vietnam „Krieg gegen den Kommunismus" und in den USA „Krieg gegen die Armut".

Ein 17-jähriger High School-Absolvent namens Herbie Smith zählte zu den ersten Lehrlingen der kleinen Filmschule, die sich „Appalshop“ nannte. Smith, der schmächtige Mann mit dem Walross-Schnautzer, wurde Regisseur – der Erste in seiner Familie, der nicht als Kumpel in den Schacht einfuhr.

Als der „Krieg gegen die Armut“ ein paar Jahre später sang- und klanglos aufgegeben wurde, übernahmen Smith und ein paar andere junge Leute aus der Gegend „Appalshop“. Hilfe aus New York oder Washington brauchten sie nicht mehr – mit der Kamera konnten sie jetzt selbst umgehen. Sie drehten ihre eigenen Filme, zeigten sich und ihrem Land ihre eigenen Bilder, sie gründeten ein Straßentheater, eine Plattenfirma und die Radiostation, deren Programm man heute auch in West Virginia, Virginia und Tennessee empfangen kann. So wuchs das Publikum von „Appalshop“ über die Jahre auf mehrere Millionen Menschen. All das war ein kleines Wunder im Jahr 2004, in dem die Mehrheit der Amerikaner zwischen Radiostationen wie KISS, POWER, THE FOX oder THE ZONE zu wählen glaubte, ohne zu wissen, dass alle dem Medien-Giganten „Clear Channel“ gehörten. Bei „Clear Channel“ wurde kaum mehr geredet – zumindest nicht live. Die Hörer waren in Marktsegmente aufgeteilt, DJs und Moderatoren durch eine Entertainment-Software ersetzt, die Software mit den Anzeigenkunden abgestimmt.

Normalerweise war es eine Frage der Zeit, bis einer Radiostation wie WMMT die Jugend davonlief. Aber hier in Whitesburg stand sie Schlange: Siebtklässler moderierten ihre eigenen Shows mit „Old Time“-Musik, deren feine Unterschiede zum Bluegrass ich auf die Schnelle nicht begriff. 14-jährige gaben brillante Debüts mit Geige und Banjo im Studio. Zwölftklässler drehten Kurzfilme über die Schönheit ihres Hillbilly-Dialekts. Eine solche Affinität zur lokalen Kultur hatte ich vorher nur in Indianerreservationen erlebt. Dort suchten Jugendliche eher aus Trotz und Verzweiflung nach traditionellen Wurzeln – wohlwissend, dass ihnen die Welt von MTV, Shopping Malls, Breitwand-Kinos und Colleges verschlossen bleiben würde. Herby, Cheryl und die anderen in der Küche sahen mich amüsiert und nachsichtig an. „Wir *sind* eine Reservation."

Das war beileibe nicht so absurd, wie es klang. „Kolonien der Industriebarone" hatte man Kentucky und West Virginia genannt. 1884 hatten die lokalen Steuerbehörden zum ersten Mal vor den „großen Herren" aus dem Norden und Osten gewarnt; vor den Industriellen, die immer mehr Land in den Appalachen aufkauften, um Holz- und Kohleschätze zu plündern und „die einheimische Bevölkerung arm, hilflos und verzweifelt" zurückzulassen. Hundert Jahre später waren drei Viertel des Landes und vier Fünftel der Schürfrechte in den rohstoffreichsten Gemeinden der Appalachen im Besitz von Energiekonzernen oder der Bundesregierung.

„Koloniale Ausbeutung", sagen heute die Historiker.

Anfang des letzten Jahrhunderts hatten die Kohle-Barone die wirtschaftliche und politische Kontrolle in einer Region übernommen, in der nach herrschender Meinung ohnehin keine richtigen Amerikaner, sondern archaische Barbaren wohnten. Bilder von dreckstarrenden zwölfköpfigen Familien und die fatale Neigung der Einheimischen zu jahrzehntelangen Blutfehden fütterten diese Stereotypen. Kentucky sei das „Korsika Nordamerikas", schrieb die „New York Times" entsetzt.

Deshalb störte sich außerhalb der „Hillbilly Nation" niemand daran, dass der Reichtum an Bodenschätzen ihre Bewohner in bitterste Armut und Abhängigkeit trieb. Umso radikaler setzten diese sich immer wieder zur Wehr. Die Schlacht der Bergarbeiter in West Virginia gegen Privatmilizen und Armee im Jahre 1921 war nur eine von vielen gewesen. Zwei Jahrzehnte später wagten die Bergarbeiter das Undenkbare und streikten während des Zweiten Weltkriegs, als die USA dringend Kohle für die Rüstungsproduktion brauchten. 1971 wanderten Tausende in einem „Marsch fürs Überleben" nach Washington. 1977, als die Minen 111 Tage durch einen Streik lahmgelegt waren und eine Kampfgruppe Bagger, Raupen und Förderbänder in die Luft sprengte, sah man in den Konzernetagen das Gespenst des Klassenkampfs.

Die Furcht war unbegründet. Die Gewerkschaftsreihen sind inzwischen dezimiert; die Konzerne zahlen außer eher symbolischen Abgaben immer noch keine Steuern, mit denen man in Kentucky oder West Virginia angemessene Schulen, Bibliotheken und Krankenhäuser finanzieren könnte. Als bedürfte es einer besonderen Pointe, meldete das Radio in Whitesburg am Abend, die Universität von Kentucky werde für 2,5 Millionen Dollar – gespendet von einem Bankenkonsortium – ein „Lernlabor über den Kapitalismus" einrichten. „Der Kapitalismus ist die moralische Stütze unserer Welt", hieß es in der Pressemeldung der Universität. „Dazu werden wir forschen."

Mir war nach einem Glas guten Whiskeys, um in alt-linker Sentimentalität Niederlagen zu begießen. Mit Herbie, dem Filmemacher, war das leider nicht zu machen: Die Whiskey-Vorräte vom lokalen Schwarzbrenner waren gerade zur Neige gegangen, und für die Melancholie der Verlierer war Herbie nicht zu gewinnen.

Er saß an seinem digitalen Schnittplatz und klickte sich durch Fragmente seiner neuesten Produktion: Die Verfilmung eines Essays, den ein befreundeter Autor und Farmer geschrieben hatte. Nach ein paar Stunden bei „Appalshop" konnte man leicht den Eindruck gewinnen, dass amerikanische Farmer und Bergarbeiter immer auch ambitionierte Schriftsteller oder Musiker sind. „Gedanken im Angesicht der Angst" hieß der Aufsatz – ein halb poetischer, halb pathetischer Appell, sich nach dem apokalyptischen Weckruf des 11. September 2001 wieder auf die Tugenden Amerikas zu besinnen. Der Ton erinnerte mich an die Predigten der christlichen Rechten. Auch die hatte den Terror von Al-Qaida als Warnung an das „sündige Amerika" interpretiert. Nur waren die Sünden in Herbies Film nicht Homosexualität, Abtreibung und Pornografie, sondern Armut, Umweltzerstörung und Ausbeutung. Herbie hatte den Text über lange, ruhige Aufnahmen der Landschaft in Kentucky gelegt – Bilder von aufgerissenen Bergen und von noch unberührten Hügelketten und Flüssen. Es war der perfekte Film für eine bibelfeste, grüne Partei.

„Es wird bald wieder Aufruhr geben," sagte Herbie so beiläufig, als zitiere er den Wetterbericht. Über den Bildschirm liefen jetzt Aufnahmen einer Demonstration. Frauen blockierten eine Landstraße. Sie saßen vor Sattelschleppern, die offenbar Bagger zu einer Kohlehalde transportieren wollten. Es war derselbe Typ von Frauen, die man in Whitesburg beim Pfandleiher oder vor dem Sozialamt treffen konnte: ausufernde Hüften, ungeschminkte Gesichter, eng anliegende Baumwollhosen. Herbie hatte die Bilder 1986 bei einer Protestaktion in der Nachbargemeinde gedreht.

„Das ist aber ziemlich lange her", sagte ich zweifelnd. „Glauben Sie mir", sagte er. „Es wird bald wieder Aufruhr geben." Widerstand war für ihn keine lineare Geschichte, sondern ein zyklischer Rhythmus. Das Fass war wieder vollgelaufen. Der Gemeinderat von Letcher County hatte zum zweiten Mal die Erhöhung des Mindestlohns blockiert – gegen das Votum des Gemeindedirektors, der im übrigen Herbies Bruder war. Die Suppenküche fütterte mehr Familien als je zuvor und erhielt kaum mehr Spendengelder. Die Bergbaukonzerne gaben immer weniger Arbeit und zerstörten immer mehr Land – das Land, in dem die Leute jagten und angelten. Die zwei neuen Gefängnisse, die zur „ökonomischen Wiederbelebung der Region“ beitragen sollten, hatten an der Misere wenig geändert – sah man einmal davon ab, dass WMMT jetzt mehr Rap-Musik spielte, weil die meisten Insassen aus den afroamerikanischen Stadtvierteln Washingtons oder Richmonds stammten.

Es könne noch ein paar Jahre dauern, sagte Herbie, aber irgendwann hätten die Leute genug.

Ich verließ Whitesburg an diesem Abend Richtung Tennessee. Kurz hinter der Stadt schlängelte sich die Landstraße in Serpentinen auf ein Plateau. Die Sonne war fast untergegangen, der Mond hing käseweis über dem schwarzen Wald. Die Bergketten verschwammen zu Silhouetten, jede in einem anderen Ton von dunklem, kühlem Blau. Für Minuten schien es, als hinge die Welt zwischen Himmel und Erde. Vielleicht empfanden die ersten weißen Siedler ähnlich, als sie hier standen. „Kingdom Come“ nannten sie den Fluss und sein Tal. Das Königreich kommt.

160 Kilometer später endete die „Hillbilly Nation“ jäh an der Interstate 75. Ich fuhr zurück in die Neon-Welt von Tankstellen mit 24-Stunden-Supermärkten und dem ewig gleichen Desinfektionsgeruch der Motels. In Tennessee gab es wieder Bier.

5. Huntsville, Alabama: Der Himmel über Alabama

Es ist ein schöner Name: Alabama. Wahrscheinlich gehörte er anfangs einem Indianerstamm, dann nahm ihn sich Amerikas 22. Bundesstaat und suchte sich ein Motto, das zu ihm passte: „We Dare Defend Our Rights“ – „Wir wagen es, unsere Rechte zu verteidigen.“ Das schrieben sich die Weißen ins Stammbuch, ohne zu ahnen, dass sich bald auch die Schwarzen diesen Satz zu Eigen machen würden.

Alabama. Man kann den Namen so sanft aussprechen wie die Zauberformel in einem Kindermärchen, es kommen doch wieder dieselben Bilder. Weiße Sheriffs mit feistem Grinsen; Polizeihunde, die sich in die Beine schwarzer Demonstranten verbissen haben; brennende Kreuze und weiße Kapuzen.

I saw cotton and I saw black
Tall white mansions and little shacks.
Southern man, when will you pay them back?

Neil Young sang *Southern Man* 1970. Zwei Jahre später nahm er *Alabama* auf, ein düsteres Lied über die Folgen der Segregation. Da war ich elf und hatte weder von Young noch von Rassentrennung gehört. Aber Hymnen gegen das Unrecht halten länger als die Verhältnisse, die sie beschreiben. Also wurde Youngs Alabama Jahre später mein Alabama.

1974 schlug der Süden trotzig zurück. Die Radiostationen spielten *Sweet Home Alabama* von Lynyrd Skynyrd, einer der besten Südstaaten-Bands. Der Song war eine Sympathieerklärung an den rassistischen Gouverneur Alabamas und eine Warnung an Neil Young, sich im Süden Amerikas nicht blicken zu lassen:

Well, I hope Neil Young will remember
A southern man don't need him around anyhow
Sweet Home Alabama
where the skies are so blue.

Der Text war reaktionär, die Musik war gut. Wuchtiger, erdiger Südstaaten-Rock. Besser als Youngs klagende Melodien. Das war das Ärgerliche. Auf dem Weg nach Alabama hörte ich den Song mindestens vier Mal im Radio – und jedes Mal summte ich mit.

Natürlich gibt es längst ein anderes Alabama. Einen aufgeräumten, modernisierten Bundesstaat mit High-Tech-Firmen, Feng Shui-Kursen und glitzernden Shopping Malls, wo sich der indische Software-Spezialist mit der russischen Informatikerin auf einen Cappuccino trifft, was im Zweifelsfall zum Austausch der Telefonnummern und zur weiteren Durchmischung der Hautfarben führen kann. Nichts ist mehr so „schwarz und weiß" wie früher. Man muss nur nach Huntsville fahren. „Willkommen in der Pionierstadt des 21. Jahrhunderts", hatte die Bürgermeisterin am Telefon ausrichten lassen. „Wir haben den Deutschen ja so viel zu verdanken."

Das erste, was ich außer dem Neon-Schilderwald aus der Ferne ausmachen konnte, war die mächtige Rakete. Sie ragte unvermittelt hinter ein paar Baumwipfeln empor, was dem Bild etwas Surreales verlieh – als wäre ein Förster größenwahnsinnig geworden. Je näher ich kam, desto vertrauter wurde das Monstrum: Es war eine Saturn V, das technische

Wunderwerk meiner Kindheit. Ohne die Saturn V wären die Amerikaner nicht auf dem Mond gelandet. Ohne die Saturn V hätte ich nicht in einer Juli-Nacht 1969 im Pyjama vor unserem Schwarz-Weiß-Fernseher sitzen dürfen, um mir auszumalen, was in meinem achtjährigen Hirn das wirklich Historische dieses Moments ausmachte: Alle Menschen auf der Welt taten dasselbe. Sogar die Russen. Sie sahen fern.

Die Rakete markierte die Autobahn-Ausfahrt zum „U.S. Space and Rocket Center“, Huntsvilles Museum und Vergnügungspark mit Apollo-Kapseln, Marssonden und Raumstationen – alles zum Einsteigen, Anfassen und Mitmachen für 16,95 Dollar. Aufgeregte Familien standen Schlange vor dem „Space Shot“-Aufzug, um sich 50 Meter in die Höhe katapultieren zu lassen. Horden von Kindern in bunten T-Shirts wuselten zwischen „Skylab“ und „Mars-Kletterwand“. Ihre Eltern hatten viel Geld bezahlt, damit ihre Söhne und Töchter eine Woche lang im „Space Camp“ Astronaut spielen durften: Mini-Raketen starten, Sonnensegel reparieren, den Proviant für einen Flug zum Mars berechnen.

Ein Trupp Erwachsener in hellblauen NASA-Overalls lief im Gänsemarsch an mir vorbei. Ihre Gesichter waren verlegen – so, wie Erwachsene eben dreinschauen, wenn man sie mit dem Spielzeug ihrer Kinder erwischt. Es waren Abteilungsleiter und mittlere Manager aus Kansas oder Georgia oder Arizona, deren Firmen sie für teures Geld hierher geschickt hatten, um fünf Tage lang „Teamgeist, Konfliktmanagement und Führungsqualitäten“ zu trainieren. Meist sperrte man sie dazu in das Platzangst einflößende Modell eines Raumschiffs, dessen Computer plötzlich den Ausfall eines Triebwerks oder einen Meteoriten auf Kollisionskurs meldete. Etwas abseits vom „Space Shot“-Aufzug glitzerten ein F-14-Kampfbomber und mehrere alte Jagdflieger in der Sonne.

Für 599 Dollar, so entnahm ich dem Katalog, konnte man seine Kinder für fünf Tage ins Flieger-Camp schicken. Militärischer Drill wurde versprochen, Übungen in Wasserlandungen, Nacht-Navigation und Luftkampf gegen ein imaginäres Feindesland namens Alhac. Auf den Bildschirmen in den Cockpit-Simulatoren hatte Alhac lange Zeit verblüffende Ähnlichkeit mit Nordkorea gehabt. Dann bestellte man aus gegebenem Anlass neue Software, die das Territorium Afghanistans abbildete. Wahrscheinlich flogen die Teenager inzwischen über dem Irak.

Ich konnte selbst ins Cockpit steigen, doch der Pressesprecher des „U.S. Space and Rocket Center“ fand den Schalter nicht, um einen Kampfeinsatz zu starten. „Vielleicht machen Sie lieber einen Mondspaziergang“, sagte er, schnallte mir ein paar Gurte um, klinkte mich an eine hydraulische Aufhängung und ließ mich über den Boden schweben. Ich hüpfte wie auf Springfedern durch die Halle und amüsierte mich köstlich. „Ohne die Deutschen hätte es all das nicht gegeben“, rief er mir hinterher, als wollte er sagen: ‚Den Spaß haben Sie sich wirklich verdient.‘

Das war das Problem in Huntsville. Die Leute liebten die Deutschen. Dies war mein zweiter Besuch in der Stadt, seit sich das „alte Europa“ und die USA über den „Krieg gegen den Terrorismus“ zerstritten hatten, und ich hatte zumindest ein paar bissige Worte über das „undankbare“ oder „verweichlichte“ Deutschland erwartet. Stattdessen klopften mir die jungen Museumsführer in ihren orangefarbenen NASA-Overalls beim ersten Mal auf die Schulter. „Ist das ein Glück, dass Sie jetzt kommen. Wir zeigen gerade unsere V2-Sonderausstellung.“ Da lag das gute Stück, schwarz-weiß lackiert, in gedämpftem Scheinwerferlicht, umringt von Besuchern, die für Erinnerungsfotos posierten. „Vergeltungswaffe 2“, die „Wunderwaffe des Tausendjährigen Reichs“ – entworfen und konstruiert vom ehemaligen Leiter der Heeresversuchsanstalt in Peenemünde, Wernher von Braun.

Als ich zum zweiten Mal kam, war die V2 wieder abgebaut worden, aber nun warteten zwei der orange leuchtenden Helfer höflich, bis ich mir hinter der dicken Glasscheibe des Wernher von Braun-Schreins seinen Schreibtisch, seine Modellraketen, seinen „Original-Rechenschieber aus Peenemünde" und das Exemplar seines Buchs „Das Marsprojekt" angesehen hatte. „Sie kommen aus Deutschland? Wow!" In ihren Augen war ich qua Landsmannschaft verwandt mit ihrem Idol.

Als Hitlers Raketenbauer im April 1945 zur amerikanischen Armee überliefen, war Huntsville ein verschlafenes Südstaatennest mit 16 000 Einwohnern, streng nach Hautfarbe segregiert, deren Leben sich um Baumwollpreise, Bibel und Bürgerkriegsanekdoten drehte. Dann antichambrierte ein Senator aus Alabama so erfolgreich in Washington, dass das Pentagon von Braun und seine Mannschaft 1950 kurzerhand von Texas nach Huntsville übersiedeln ließ und die Stadt buchstäblich in eine neue Ära schoss.

Angeblich liefen die Deutschen anfangs in schwarzen Ledermänteln herum, *dem* Erkennungszeichen für Nazis aus den Kriegsfilmen. Das stieß den Einheimischen auf. Aber die lernten schnell zu schätzen, welchen ökonomischen Segen die „Krauts" der Stadt gebracht hatten. Aus Baumwollfeldern wurden militärische Testgebiete, aus Schotterwegen geteerte Straßen. Plötzlich war Geld für die Schulen da. Aus erbärmlich bezahlten Erntepflückern wurden besser bezahlte Bauarbeiter; Plantagenbesitzer schulten um auf Ingenieur. Wissenschaftler und Techniker aus Chicago oder Boston – mit anderen Worten: *Yankees* – zogen nach Huntsville. Die Stadt nannte sich von nun an „Rocket City", sie wuchs über die Jahre auf 175 000 Einwohner an, sie lockte schließlich Software-Designer aus Indien, Raumfahrtingenieure aus Russland und Mathematiker aus Taiwan. Sie lebte von der Rakete und sie huldigte dem Mann, der sie gebracht hatte.

1953 konstruierte von Braun die erste Langstreckenrakete für das amerikanische Heer. 1955 legte er in der Highschool von Huntsville den Treueeid auf die amerikanische Fahne ab. Drei Jahre später beförderte er den ersten amerikanischen Satelliten ins Weltall. Nach der Mondlandung am 20. Juli 1969 trugen ihn die Bürger der Stadt auf Schultern durch die Straßen. Er war der „Vater der amerikanischen Raumfahrt", der Mann, der die Nation vom Sputnik-Schock erlöst und die Sowjets im Wettlauf zum Mond geschlagen hatte. Er war der Gründervater von „Rocket City", ein Genie, ein Visionär, den das Schicksal dummerweise ins Hitler-Deutschland hatte hineinwachsen lassen. So jedenfalls las es sich im „U.S. Space and Rocket Center". Also suchte ich vergebens nach einem Hinweis auf die 20 000 Zwangsarbeiter von Mittelbau-Dora, die von Braun zum Teil selbst im Konzentrationslager Buchenwald bestellt hatte und die bei der Produktion der „Vergeltungswaffe 2" elendig umgekommen waren.

Da stand ich nun zwischen den beiden Museumsführern, in deren Gesichtern sich so viel unschuldiger Tatendrang spiegelte, dass mir fast unheimlich wurde. Eine war eigens aus New Jersey hierher gekommen, um näher am Abenteuer Weltraum zu sein. Der amerikanische Präsident George W. Bush hatte soeben den Mars zum amerikanischen Neuland erklärt – wie weiland John F. Kennedy den Mond. Mochte die Erde bis in den letzten Winkel vermessen und erforscht sein – das Weltall war eine grenzenlose *terra incognita* für eine Nation, die den Aufbruch zu neuen Ufern brauchte wie der Mensch die Luft zum Atmen. „Rocket City" würde wieder teilhaben an diesem Jahrhundertprojekt. Nicht nur mit seinen 220 High-Tech-Firmen und seinen NASA-Abteilungen, sondern auch mit seinem Museum und seinem Raketenspielplatz, wo jedes Jahr tausende Kinder die Landung auf dem Mars spielten.

Sweet Home Alabama where the skies are so blue. Von Braun hatte es immer schon gewusst: Der Mars war die nächste Station. Auch das Museum war seine Idee gewesen. Grandiose Visionen muss man an Kinder weitergeben, sonst sterben sie aus.

„Sagen Sie einmal auf Deutsch seinen Namen", baten mich die beiden Museumsführer. „Wernher von Braun", murmelte ich und spürte den unbändigen Drang, am Denkmal ihres Helden zu kratzen: „Haben Sie schon mal von Zwangsarbeitern im Konzentrationslager Mittelbau-Dora gehört?", fragte ich.

„Oh ja", antworteten sie im Duett und fuhren im Kanon fort: „Da soll es vor Jahren mal eine ‚Opfergruppe Mittelbau-Dora' gegeben haben …", begann der eine. „… die waren nach Huntsville gekommen, um von Braun zu attackieren", vollendete die andere.

Sie sahen mich an, als wollten sie mich trösten.

„Aber er war wohl ein ungemein toleranter Mensch. Er hat die Angriffe nicht persönlich genommen."

„Das glaube ich gern", sagte ich und schlurfte schlecht gelaunt ins Freie zum „Space Shot"-Aufzug. Aber den hatte das Personal wegen zu starken Windes an diesem Nachmittag geschlossen. Also verscheuchte ich zwei Zwölfjährige vom „US Army Avenger Missile System"-Simulator, einer Konsole mit zwei Steuerknüppeln und einem grünlichen Bildschirm, auf dem immer wieder „feindliche Helikopter" auftauchten. Die zwei hatten mit der kindlichen Konzentration, die sich jeder Lehrer wünscht, einen Hubschrauber nach dem anderen abgefangen. Knopfdruck mit dem linken Daumen, um die „Stinger"-Rakete abschussbereit zu machen. Knopfdruck mit dem linken Zeigefinger, um das Ziel zu fixieren, Knopfdruck mit rechts – „feindlicher Helikopter zerstört". Ich schaffte siebzehn Abschüsse in zehn Minuten. Danach ging es mir auch nicht besser.

Alabama ist ein Bundesstaat, in dem politische Netzwerke identisch sind mit Männerbünden. Huntsville war eine Ausnahme. Seit acht Jahren amtierte Loretta Spencer als Bürgermeisterin, die erste Frau auf diesem Posten. Die ehemalige Lehrerin hatte sich über ehrenamtliches Engagement hochgearbeitet, was politische Früchte tragen kann, wenn man wie Loretta Spencer in sechzehn Verbandsgremien und Stiftungsausschüssen gesessen hatte oder immer noch saß: in der Filmkommission des Staates Alabama, im Vorstand des Botanischen Gartens und der Methodistenkirche, in der städtischen Handelskammer oder im Komitee für gute Beziehungen zum Militär.

Loretta Spencer hatte die Aufgaben ihres Amtes und die Mission ihrer Stadt mit dem Enthusiasmus einer Motivationstrainerin verinnerlicht. Sie konnte die kommunale Steuerstruktur genauso begeistert erklären wie das Antriebssystem einer Saturn V oder den Spielplan des Symphonie-Orchesters von Huntsville. „Denken Sie nicht nur an die Raketen", sagte sie, „die Deutschen haben ja auch ihre Kultur mitgebracht. Bach, Brahms, Schubert."

Loretta Spencer war parteilos, pragmatisch und strahlte mit nunmehr 65 Jahren eine Großmütterlichkeit aus, ohne die im amerikanischen Süden keine Frau politische Karriere machen konnte. Ihr Amtszimmer war ausgestattet mit weißrot-blauen Tischdeckchen, Servietten mit „Stars-and-Stripes"-Mustern, Sträußen aus papiernen USA-Fähnchen, Fotos ihrer Kinder und Enkelkinder und Zier-Kissen, die mit „God Bless America" bestickt waren. In ihrer gefährlich weichen

Sitzecke versanken Senatoren, die beim Pentagon nach neuen Forschungsaufträgen für „Rocket City“ angeln sollten; japanische Delegationen von „Toyota“, um dessen Motoren-Fabrik sich Huntsville beworben hatte; die Herren vom „Rotarier Club“ oder eben ich, die eigentlich nur wissen wollte, wie es der Stadt bislang im „Krieg gegen den Terrorismus“ ergangen war. Bloß kitzelte mich etwas am Ohr. Es war der weiß-rot-blaue Teddy-Bär auf der Sessellehne.

„Wir sind wachsamer geworden. So viel wachsamer,“ sagte die Bürgermeisterin und klang irgendwie erleichtert. Da waren die Maßgaben im knallgelben Handbuch „Emergency Reponse to Terrorism“; die Krankenhäuser wussten jetzt, wie man auf Anthrax-Attacken zu reagieren hatte; das neue Bundesministerium für Heimatschutz hatte seine Mitarbeiter in der Stadt postiert; die Schutzmaßnahmen für das „Redstone Army Arsenal“ und die Pentagon-Büros des „Space and Missile Defense Command“ waren verstärkt worden. Es gab einiges zu schützen in Huntsville, denn die Stadt lebte eben nicht nur von Raketen, die zu Mars und Mond flogen, sondern auch von Raketen, die zum Feind flogen – oder dessen Raketen abschießen sollten. Hier wurde am „Raketenschutzschild“ geforscht – jener Vision von der Unverwundbarkeit Amerikas, die einst als „Star Wars“ bekannt geworden war. Das, fand die Bürgermeisterin, mache ihre Stadt schon zu etwas Besonderem.

Gleich nach dem Anschlag vom 11. September 2001 hatte Loretta Spencer 100 000 Autoaufkleber mit der Parole „Proud To Be American“ in Umlauf bringen lassen, damit in diesen Tagen „niemand, wirklich niemand Auto fahren musste, ohne Flagge zu zeigen“. Das war weniger rabiat-patriotisch als fürsorglich gemeint. Und weniger eine Maßnahme des Ausschlusses als der Integration. Jeder sollte im Schock des Angriffs die Gelegenheit haben, dazuzugehören – vor allem die Immigranten in der Stadt. Die mexikanischen Küchenjungen, die philippinischen Krankenschwestern, die israelischen, russischen, chinesischen und indischen Forscher in den Labors und die arabischen Tankstellen- und Minimarktpächter. Fähnchen für alle – das war auch eine Vorsichtsmaßnahme gegen mögliche Racheaktionen gewesen, aber sie erwies sich als überflüssig. Kein „muslimisch" aussehender Wissenschaftler wurde in Huntsville angepöbelt, kein arabischer Tankwart bedroht, kein Gebetsraum beschmiert. Alle Glaubensrichtungen fanden sich zu einem gemeinsamen Trauergottesdienst zusammen.

Huntsville, Alabama, präsentierte sich in jenen Tagen als Sinnbild für „America post 9/11", für das Amerika nach dem 11. September 2001. Und es hatte eine Botschaft für den Rest des Landes: ‚Die Welt da draußen ist gefährlich, sogar ein Angriff auf die USA ist ihr gelungen. Aber nichts schweißt uns stärker zusammen als ein Angriff – und nirgendwo arbeiten alte und neue Amerikaner und solche, die es werden wollen, besser zusammen als in Kriegszeiten im Militär und in der Wissenschaft.' Militär und Wissenschaft – das waren die beiden tragenden Säulen von „Rocket City". Sie würden den Glauben an die Unverwundbarkeit wiederherzustellen wissen. Man konnte hundertmal einwenden, dass ein Raketenschutzschild nichts gegen Selbstmordattentäter nützte. Darum ging es nicht. Das Schutzschild war Synonym für eine Weltsicht, die auf „Worst-case"-Szenarien basierte. Also musste eine neue Wagenburg in High-Tech-Version geschaffen werden – in diesem Fall eben im Weltraum.

Für Huntsville war die neue, alte Wachsamkeit lebenswichtig. Nichts hatten Loretta Spencer und die Herren in der Handelskammer nach dem Ende der Sowjetunion mehr gefürchtet als das Gerede von der „Friedensdividende". „Nie die Deckung sinken lassen" war das inoffizielle Motto der

Stadt – und nach dem Kalten Krieg hatte man die Deckung sinken lassen. In Washington trauten sich Senatoren plötzlich, laut gegen den Raketenschutzschild aufzumucken; das Budget des Pentagons wurde gekürzt, das Militär musste seinen zivilen Angestellten in Huntsville die Frühverrentung anbieten, die umliegenden Rüstungsfirmen fünfzehn Prozent ihrer Mitarbeiter entlassen. Huntsvilles Einzelhandel hatte entsprechend weniger Umsatz gemacht, die Grundstückspreise waren gesunken. Der Kollaps des „Reichs des Bösen“ hatte „Rocket City“ ordentlich zugesetzt.

Dann kam die „Achse des Bösen“. Nun malten die Pressesprecher des „Space and Missile Defense Command“ in Huntsville wieder eifrig feindliche Raketen über die Erdhalbkugel, auf die wie von Magneten gezogen Abfanggeschosse, „Kill Vehicles“, zusteuerten, was auf der Schultafel des Presseraums ziemlich gut aussah, in den Tests aber bisher selten geklappt hatte. Kleinere Schutzschilde für Verbündete waren schon weiter fortgeschritten. Israel sollte bald einen Laser-Schirm gegen Katjuscha-Raketen der Hisbollah erhalten – aus Huntsville, der Stadt, die Hitlers Raketenbauer groß gemacht hatten. Das konnte man wohl als unbeabsichtigte Wiedergutmachung verbuchen.

„Vergessen Sie mir nicht unsere Bürgerpatrouillen“, sagte die Bürgermeisterin zum Abschied, als ich mich aus ihrer weiß-rot-blauen Kissenlandschaft schälte und der Teddy kopfüber auf den Kaffeetisch fiel. „Auch die gehören zur Heimatfront.“

„Bob Webb – Community Watch“ und eine Telefonnummer standen auf dem Zettel, den mir ihre Sekretärin in die Hand drückte.

In Anbetracht der martialischen Mission hatte sich in „Rocket City“ ein erstaunlich entspanntes soziales Klima breitgemacht – „God, Guns and Guts“, das war das alte Alabama. Aus dessen Ecken meldete die „Huntsville Times“ immer wieder seltsame Nachrichten, für die man sich in der Stadt ein bisschen schämte. Im Jahr 2000, zum Beispiel, als sich Alabamas Bürger endlich per Volksentscheid dazu durchrangen, das Verbot der Mischehe aus der Verfassung zu streichen. Kaum war dieser archaische Fleck getilgt, beschloss die Verwaltung des Limestone-Gefängnisses westlich von Huntsville, dessen Insassen wieder in Ketten zu legen. Und in der Hauptstadt Montgomery hatte der oberste Richter des Bundesstaates nichts Wichtigeres zu tun, als einen 5000 Pfund schweren Stein mit den zehn Geboten in der Rotunde des Gerichts aufstellen zu lassen. Im alten Alabama schaukelten sich sonntags die Gläubigen in stickigen Dorfkirchen in Trance. Der Sheriff sammelte am Wochenende die Volltrunkenen ein; das Frauenhaus, wenn es denn eines gab, kümmerte sich um die kaputten Ehen, und wer hier im Wahlkampf das Wort „Waffenkontrolle“ in den Mund nahm, hatte schon verloren. In der neuen Welt von Huntsville therapierte montags der Verein „Wachsen durch Scheidung“, mittwochs halfen sich die „Anonymen Kokainsüchtigen“, donnerstags trafen sich die „Männlichen Opfer von häuslicher Gewalt“, und man konnte sogar über Waffenkontrolle reden, solange nicht Raketen gemeint waren.

Auch Bob Webb, Mitbegründer der „Community Watch“, der Nachbarschaftsstreife, hatte keinerlei Ähnlichkeit mit dem Klischee eines bulligen „Law-and-order“-Anhängers. Er war ein zierlicher älterer Herr mit vollem weißen Haar und einer leisen Stimme, der gern Tennis spielte und angelte. „Ich hoffe, Sie werden sich nicht langweilen“, sagte er, als ich zur abendlichen Streife in seinen Geländewagen stieg.

Webb hatte früher für das US-Heer Abschussrampen konstruiert, war dann in die Privatwirtschaft gewechselt und koordinierte nun als Pensionär die Nachbarschaftsstreife im Stadtteil Jones Valley. Es war ein wohlhabendes Viertel, hügelig, mit ruhigen Straßen, großen Backstein-Bungalows oder zweistöckigen Wohnhäusern. Die Gärten waren aufgeräumt, in den Auffahrten der Doppelgaragen standen Basketballkörbe. Manche Anwohner ließen ihre Garagentore tagsüber offen, obwohl Bob Webb jeden Monat in seinem Rundbrief warnte, es den Dieben nicht so leicht zu machen. Jones Valley hatte im letzten Quartal, wie schon im vorletzten, die perfekte Quote erzielt: null Straftaten. Nicht einmal eine Zeitung war gestohlen worden.

„16 Uhr 14: Beginn der Streife," notierte Webb in sein Logbuch und ließ den Wagen aus der Garage rollen. „Null Straftaten", sagte er. „Jetzt glauben natürlich viele im Viertel, die Streife sei überflüssig." Am Straßenrand war das Herbstlaub sauber zu großen Haufen zusammengekehrt. Fünf Blocks weiter stand ein Kleinlaster, beladen mit Harken, Rechen und Laubtüten. Ein schwarzer Gärtner mit Latzhose und Baseballmütze mähte den Rasen eines Anwohners. Es war 16 Uhr 20. Webb stoppte den Wagen und beobachtete den Mann eine Weile aus dem Auto. „Scheint alles sauber zu sein", murmelte er und trat sachte auf das Gaspedal. Plötzlich schien ihm klar zu werden, dass ich etwas dachte, was ich nicht denken sollte. „Wir schärfen unseren Mitgliedern natürlich ein, dass sich Verdachtsmomente nicht nach dem Aussehen der Leute richten dürfen." Er schwieg. Dann musste es doch heraus: „Aber neulich habe ich gelesen, dass jeder sechste männliche Schwarze vorbestraft ist. Da wird man schon stutzig."

Webb hatte „Community Watch" vor 23 Jahren gegründet. Damals war Jones Valley ein Viertel am Stadtrand von Huntsville. Seine Anwohner meldeten alle paar Wochen einen Einbruch. Die Täter waren offensichtlich bunt gemischt.

Schwarze Jugendliche aus den Sozialsiedlungen, in denen der rasante Aufschwung der Stadt wenig Spuren hinterlassen hatte; Bauarbeiter und Handwerker; die eigenen Söhne oder Töchter, die ihr Taschengeld aufbessern wollten; Zwölftklässler aus der nahegelegenen High School, die ihre Abschlussfeiern in die Hügel von Jones Valley verlagerten, die Briefkästen der Anwohner anzündeten und das eine oder andere Gerät mitgehen ließen. „Wir sind herumgefahren, haben die Kennzeichen von allen fremden Autos aufgeschrieben und die Polizei geholt", sagte Webb. „Prävention und Abschreckung – das sind die magischen Worte."

23 Jahre später waren 18 000 Bürger in Huntsville Mitglied von „Community Watch", 200 davon in Jones Valley. Sie fuhren Streife, notierten Autonummern oder das Erscheinen „verdächtiger" Personen. Sie verteilten Notfallpläne, wenn die Wetterstation eine Tornado-Warnung ausgegeben hatte; sie schickten Mahnbriefe an Nachbarn, die Kinderspielzeug im Garten liegen ließen, und alarmierten die Polizei bei „Gefahr im Verzug". In Jones Valley ließen sich die Leute Alarmanlagen mit Bewegungssensoren installieren – auch wenn diese regelmäßig von Eichhörnchen und Mäusen ausgelöst wurden und die Polizei zusätzlich belasteten. „Wenn Sie Ihre Alarmanlage bei der Stadtverwaltung registrieren lassen", sagte Webb, „dann müssen Sie für den Polizeieinsatz nicht bezahlen." Webb hatte jedem Straßenblock in seinem Viertel einen „Block-Kapitän" zugeteilt, der neu Zugezogene für die Bürger-Patrouille rekrutieren sollte.

Dann kam der 11. September 2001, und die Welt der „Community Watch" wurde eine andere. Vertreter des neuen Bundesministeriums für Heimatschutz erschienen zu den alljährlichen Grillparties des Vereins, sprachen von der „neuen Wachsamkeit" und erklärten, dass der Staat auf die Augen und Ohren der Bürger angewiesen sei. Webb und seine Leute verteilten nun Evakuierungspläne und Listen für Notfall-Rationen im Fall von Terroranschlägen mit biologischen oder nuklearen Waffen. Das Ehepaar Webb hielt von nun an immer zwei mit dem Nötigsten gepackte Koffer griffbereit.

Bloß fand Bob Webb darin nicht mehr die Beruhigung, die er beim Einsatz gegen Diebe und Tornados verspürte. Ein bisschen Gefahr war schön und gut – gut gegen Langeweile, gut fürs Nachbarschaftsgefühl und den geliebten Glauben an das unbezähmbare Wilde in diesem Land.

Aber Osama bin Ladens apokalyptische Schwüre gegen Amerika überstiegen Webbs Kapazität für den Ausnahmezustand. Und sie nahmen ihm jede Lust auf Rache und Vergeltung.

„Gibt es nichts, was man diesen Leuten anbieten kann, damit sie uns wieder in Ruhe lassen?“

Ich sah ihn verblüfft an. „Ich fürchte, mit Al-Qaida kann man nicht verhandeln“, antwortete ich. Webb stieg wieder auf die Bremse. Es war 17 Uhr 42. „Das ist unser Problem-Haus.“ Er zeigte auf die Villa an der rechten Straßenecke. Die Haustür war beleuchtet, der Rasen gemäht. Es roch nach frischer Gartenerde. „Hier wohnen unsere Araber. Fahren auffällige Autos, kommen und gehen zu ungewöhnlichen Zeiten.“ Vor der Garage stand eine leuchtend rote Corvette. Der „Block-Kapitän“ wohnte gegenüber und hatte die täglichen Gewohnheiten der Familie notiert.

„Wie lange leben die Araber schon hier?“, fragte ich, und schielte neidisch auf die Corvette.

„Ungefähr vier Jahre.“

„Warum laden Sie die Leute nicht einfach zur nächsten Grillparty ein? Dann können sie sie aushorchen. “

„Das ist Aufgabe des Block-Kapitäns. Der will mit Arabern nicht reden – und ich will ihm da nicht vorgreifen.“ Ich fragte mich, ob die schwarzhaarigen Corvette-Fahrer mit ausländischem Akzent und offensichtlich regem Nachtleben ahnten, dass sie von ihren Nachbarn beschattet wurden. Es war 17 Uhr 55, als Webb den Wagen wieder in seine Garage fuhr und „Keine besonderen Vorkommnisse“ in das Logbuch eintrug. „Ich hab’ es mir gedacht“, sagte er zum Abschied entschuldigend. „Sie haben sich bestimmt gelangweilt.“

Die Gefahr von außen – sie war nicht zu sehen und lauerte doch überall. Friedliche Stille war trügerisch. „Prävention und Abschreckung sind die magischen Worte“, hatte Webb gesagt.

Ich hätte gern gewusst, was dem Gründervater von „Rocket City, USA“ zur Idee eines Raketenschutzschilds eingefallen wäre – schließlich hatte Wernher von Braun noch bis zum Frühjahr 1945 in Peenemünde an einer Rakete gearbeitet, die Ziele in den USA erreichen sollte. Von Braun war 1977 an Krebs gestorben, aber sein ehemaliger Chefwissenschaftler lebte noch in Huntsville auf dem „Sauerkraut Hill“. So hatten die Einheimischen „Monte Sano“ umgetauft, einen idyllischen Flecken hoch über den Dächern der Stadt, wo sich die meisten Peenemünder Haus und Grundstück gekauft hatten. Ernst Stuhlinger war inzwischen 90 Jahre alt, trug Brille und Hörgerät und sprach Englisch mit Tübinger Akzent. Er tüftelte immer noch am Antrieb für eine Mars-Rakete und hielt das Andenken an seinen alten Chef in Ehren. Mehrere deutsche und amerikanische Historiker hatten in den letzten Jahren dokumentiert, wie von Braun Zwangsarbeiter aus dem Konzentrationslager Buchenwald rekrutiert hatte. Das bekümmerte Stuhlinger. „Junge Autoren, die einfach drauflos schreiben und den Unterschied zwischen Nazis und Peenemündern nicht verstehen. Wir waren doch völlig unpolitisch.“ Wissenschaftler eben, die eigentlich gar nicht ins Tausendjährige Reich, nur ins Weltall wollten. Stuhlinger hatte

Anfang der 90er Jahre unter dem Titel „Wernher von Braun – Crusader for Space", auf deutsch: „Wernher von Braun – Aufbruch in den Weltraum", eine sehr wohlwollende Biografie veröffentlicht und ein Exemplar der Besatzung einer „Columbia"-Raumfähre mit auf den Weg gegeben.

Stuhlinger stand an der Verandatür und blickte auf die Stadt. Es war ein klarer Tag, man konnte das „U.S. Space and Rocket Center" sehen, das „Redstone Arsenal", wo das Heer den Soldaten der Zukunft entwarf, und das NASA-Zentrum, wo von Brauns Team einst Zündstufen testete, und in der ganzen Stadt die Scheiben klirrten.

„Was halten Sie vom Raketenschutzschild, Herr Stuhlinger?"

Er tat erst, als hätte er nichts gehört. Die Frage mochte er nicht. Sie zwang ihn, Schlechtes über seinen alten Arbeitgeber zu sagen. „Es ist Unsinn," murmelte er schließlich. „Mit ein paar hundert Attrappen können Sie jeden Raketenschutzschild austricksen." Der Traum von der Unverwundbarkeit war eben nur das: eine Illusion.

Es war höchste Zeit, die Stadt zu verlassen. Vor meinen Augen tauchten plötzlich überall Raketen auf. Sogar die Kirchtürme schienen startbereit. Der Turm der „First Baptist Church" war tatsächlich einer Rakete nachgebaut – mit einem kleinen Kreuz auf der Spitze.

Ich wollte irgendwohin, wo man den Himmel in Ruhe ließ, wo Erde und Meer den Leuten genug Rätsel aufgaben. Irgendein Fischerdorf im Mississippi-Delta mit einem hübschen Namen wie Cocodrie, Lafitte oder Isle Jean Charles.

Es war dunkel, als ich durch das „alte Alabama" Richtung Süden fuhr – vorbei an Birmingham, wo Ku-Klux-Klan-Anhänger 1963 mit einer Bombe vier schwarze Schulmädchen in der „16th Street Baptist Church" getötet hatten; vorbei an Selma und Montgomery, wo Rosa Parks an einem Dezembertag 1955 ihren Sitzplatz im Bus nicht für einen Weißen räumen wollte.

Die Stätten der Bürgerrechtsbewegung waren längst renoviert und historisiert. Alabama – soweit waren sich Schwarze und Weiße inzwischen einig – brauchte seine jüngere Geschichte nicht zu verstecken. Es konnte sie für den Tourismus nutzen. Alabama war zum begehbaren Denkmal der Bürgerrechtsbewegung geworden, so wie Gettysburg zum begehbaren Denkmal des Bürgerkriegs geworden war. Nur war in Alabama die Vergangenheit noch nicht ganz abgeschlossen.

Es hatte 38 Jahre gedauert, bis gegen die letzten noch lebenden Verdächtigen des Anschlags auf die „16th Street Baptist Church" Anklage erhoben wurde. Als der erste Prozess im Frühjahr 2001 begann, reagierte die weiße Öffentlichkeit mit demonstrativer Apathie. Dieses Kapitel der Geschichte war abgeschlossen, die Schwarz-Weiß-Fotos der alten Kämpfe hingen gerahmt im Museum. Es gab Anti-Diskriminierungsprogramme und einen Martin-Luther-King-Feiertag. Warum noch einmal „alte Geschichten" aufwärmen?

Im Frühling 2002 begann der zweite Prozess. Dieses Mal ging ein zustimmendes Raunen durch die Straßen von Birmingham. Wie hatte der Staatsanwalt in seinem Schlussplädoyer gesagt? Die Angeklagten, beide ehemalige Mitglieder des Ku Klux Klan, beide über 70 Jahre alt, seien „die Vorväter des Terrorismus gewesen". Beide Attentäter wurden zu lebenslanger Gefängnisstrafe verurteilt.

Der 11. September 2001 habe den Unterschied ausgemacht, schrieb die Schriftstellerin Diane McWorther über ihren Heimatstaat Alabama. „Plötzlich konnte jeder Geschworene, jeder Amerikaner nachfühlen, wie Afro-Amerikaner im segregierten Süden unter einer ständigen Todesdrohung gelebt hatten – lange bevor das Wort ‚Terrorismus' in Gebrauch kam."

6. Von Huntsville nach Midland – oder: „… und dann traf ich Jesus"

Es war spät nachts, als im Scheinwerferlicht das Schild „Welcome to Mississippi" auftauchte. Ich war müde. Nichts reizte mich zu halten – weder das Hinweisschild zum Museum für Baumwolle noch die Werbung für „historische Plantagenvillen" oder die Ausfahrt nach Heidelberg, Mississippi.

Ich wollte nach Texas, weil man in diesen Tagen über Amerika nicht schreiben konnte, ohne in Texas gewesen zu sein. Ein Besuch in Texas – genauer gesagt: in Midland – bedurfte der Vorbereitung. Man musste sich langsam annähern, sich akklimatisieren. Also gönnte ich mir einen Tag Aufschub an der Küste von Louisiana.

Als ich am nächsten Morgen aufwachte, stand die Welt auf Stelzen. Häuser und Wohnwagen standen auf drei Meter hohen Pfählen; mutigen oder leichtsinnigen Bewohnern reichten zwei Meter. Gemessen an der Wucht der Hurrikane, die über die Küste fegten, wirkten diese Konstruktionen anrührend kläglich – als wäre eine Herde Wale auf Stöckchen gestrandet. Der Golf von Mexiko tat an diesem Tag so, als könnte er nicht gemeint sein. Seine Wellen plätscherten lustlos gegen die Molen. Es nieselte aus einem grau verhangenen Himmel. Die Angler am Ufer hatten sich ihre Kapuzen über die Köpfe gezogen. Ich hatte nachts auf der Fahrt nach Louisiana die gleißenden Scheinwerfer der Öl-Raffinerien an der Küste gesehen und beschlossen, vorerst keinen Fisch zu essen.

Auf meiner Landkarte hörte die Straße einige Kilometer vor der Küste einfach auf, und der Ort, den ich suchte, Isle Jean Charles, war nicht als Insel, sondern als Dorf auf dem Festland eingezeichnet. Es war wahrscheinlich nicht die Schuld des Kartografen. Das Meer verschluckte das Land schneller, als man neue Landkarten drucken konnte. Ich war gefahren, bis es nicht mehr weiterging. „Dead End" stand am Ende der Straße, wo die Fischer ihre Boote ins Wasser ließen. Aber durch den Regenschleier erkannte ich ein paar hundert Meter weiter rechts einen Wagen, der auf dem Wasser immer weiter auf den Golf von Mexiko hinauszufahren schien. Und zwar sehr schnell. Es sah aus, als hätte Jesus ein Auto geklaut.

Die Straße zur Isle Jean Charles lag unter günstigen Bedingungen – und die herrschten an diesem Tag – etwa zwei Handbreit über dem Meeresspiegel. Sie bog nach gut einem Kilometer links auf die Insel und teilte sie in zwei schmale Reihen mit ein paar Dutzend Häusern und Hütten, an denen Wind und Salz fraßen. Was immer rosten konnte, rostete – Metalltüren, Wellblechdächer und die hässlichen Kästen der Klimaanlagen. Einige Häuser standen leer, die Fenster waren herausgerissen, Autowracks oder leckgeschlagene Boote moderten in den Gärten. Auch hier stand die Welt auf Stelzen – mit Ausnahme der Kirche, die ein solides Fundament aus Beton hatte. „Island Christian Fellowship" stand über dem Eingang, den der Pastor höchstselbst fegte. „Nathan Parfait", stellte er sich vor. „Parfait, wie die Nachspeise."

Pastor Parfait war 34 Jahre alt, hatte einen kleinen Bauch, ein weiches Gesicht mit hohen Wangenknochen und pechschwarzes Haar. Sein Beruf verpflichtete ihn zu geduldiger Freundlichkeit, seine Herkunft zu respektvoller Verschlossenheit. In all meinen Jahren in den USA hatte ich noch nie einen

Indianer getroffen, der sich die weiße Sitte angewöhnt hätte, im Gespräch mit Wildfremden sofort intime Details über das Leben auszutauschen. Auf Isle Jean Charles lebten rund 200 Angehörige vom Stamm der Houma und der Biloxi-Chitimacha-Indianer. Nathan Parfait war ein Houma, und weil ich etwas zu aufdringlich danach gefragt hatte, wie die Houma und ihr Pastor zu Jesus gefunden hatten, fühlte er sich jetzt sichtlich unwohl. Also sprachen wir zuerst über das Meer.

Im Jahr 2002, als Lily hereinbrach, hatte Parfait einen Wasserpegel von 106 Zentimetern in seiner Kirche gemessen. Ende August 2003, als Grace übers Land fegte, waren es nur 93 Zentimeter gewesen.

Lily war laut Einstufung des Wetteramts ein Hurrikan, Grace nur ein tropischer Sturm. Für die Gemeinde der „Island Christian Fellowship“ machte das keinen Unterschied, ebenso wenig wie die Differenz von 13 Zentimetern. Sie mussten jedes Mal die vollgesogenen Teppiche herausreißen und die aufgeweichte Holzbühne abbauen, auf der der Pastor seine Gemeinde in Wallung brachte. Sie mussten alles neu streichen und neue Auslegware kaufen, bevor sie die Kanzel und die Lautsprecher der Kirchenband wieder aufstellen und das Foto von Grandma Algony wieder aufhängen konnten. Grandma Algony war des Pastors Großmutter, sie hatte einst in diesem Haus gewohnt. Damals war Isle Jean Charles noch so breit, dass man hinter den Häusern Baseball spielen, Mais anbauen und ein paar Milchkühe weiden lassen konnte.

Auch bei ruhigem Wetter knabberte das Meer am Land. Mit jedem Gezeitenwechsel nahm es sich ein wenig mehr. Wann genau den Menschen von Isle Jean Charles der Boden unter den Füssen zu schrumpfen begonnen hatte, wusste Parfait nicht. Aber eine Erklärung gab es.

Solange sich der Mississippi ungehindert im Flussdelta ausbreiten konnte, füllten seine Sand- und Schlammablagerungen alles wieder auf, was das Meer genommen hatte. Der Mississippi nährte die Inseln und das Marschland, das wie ein Puffer die Wucht der Stürme milderte. Dann wurden die ersten Kanäle und Dämme gebaut, die ersten Pipelines für die Raffinerien gelegt, die ersten Gas- und Ölfelder angezapft. Der Lauf des Flusses änderte sich. Seither frisst das Salzwasser die Marschen auf, die Marschen bieten keinen Schutz mehr gegen Stürme und Flut. Allein an der Küste von Louisiana verschwinden jedes Jahr 40 Quadratkilometer Land unter Wasser. Die Furcht vor dem ganz großen Sturm, dem Super-Hurrikan, wächst. Also soll bis 2020 ein riesiger Damm gebaut werden, über vier Meter hoch und über 100 Kilometer lang. Bloß wird er nördlich von Isle Jean Charles verlaufen. Die Behörden haben die Insel längst dem Wasser zugeschlagen. „Zehn, zwölf Jahre halten wir uns noch", sagte Nathan Parfait. „Wenn der große Hurrikan kommt, geht's schneller." Er sah mich an, als wollte er sagen: ‚So ist das Leben.'

Das Leben erlaubte sich bittere Scherze. Den Houma- und Biloxi-Chitimiachi-Indianern waren Kriege gegen die weiße Armee und Vertreibungen in erbärmliche Reservationen weitgehend erspart geblieben. Sie hatten Ende des 19. Jahrhunderts, die Zeichen der Zeit erkennend, das Land auf Isle Jean Charles gekauft, regierten sich bis heute nach Stammestradition durch einen Ältestenrat und hatten sich nie eingemeinden lassen. Aber nun kam das Meer.

Die Insel teilte sich nun in die Trotzigen, die sich lieber von den Fischen fressen lassen wollten, als ihre Stelzenhäuser aufzugeben – zumindest behaupteten sie das – und die Resignierten, die ihre Sachen zu packen begannen. Der Pastor war schon auf das Festland gezogen und pendelte jeden Tag zu seinem Arbeitsplatz, was bei Flut schwierig war, wenn die Wellen wie mahnende Vorboten über die Straße schwappten.

„Das schlägt einem auf die Seele“, sagte Nathan Parfait. Außerdem war das Salzwasser Gift für den Unterboden seines Autos.

Neben dem Bild seiner Großmutter hing ein Foto, aufgenommen während eines Gottesdienstes. Die Kirche war voll, die Gläubigen hatten die Augen geschlossen und reckten die Hände flehentlich gen Himmel. Die „Island Christian Fellowship“ war eine charismatische Gemeinde. Hier durfte man sonntags tanzen und weinen und in Trance fallen, bis der Heilige Geist in einen fuhr und man „in Zungen sprach“. Stocksteifen Episkopalisten, Lutheranern oder Katholiken waren solche Spektakel ein Gräuel, doch änderte das nichts daran, dass die Charismatiker in den USA rasanten Zulauf hatten. Auf Isle Jean Charles hatte Nathan Parfait jedenfalls keine Konkurrenz. Sein Problem bestand eher darin, dass seine Gläubigen in Trance in ihre alte Sprache verfielen, die Nathan Parfait nicht mehr richtig gelernt hatte. „Grandma sprach nur Cajun-Französisch, sie konnte gar kein Englisch. Meine Eltern sprachen beides, ich bin mit Englisch aufgewachsen.“

Die „französischen Indianer“ hatte man sie früher genannt – und viele von ihnen wären es gern geblieben. Doch vor gut 200 Jahren, am 20. Dezember 1803, hatte Frankreich sein Territorium „La Louisiane“ für 15 Millionen Dollar an die USA verkauft. In den High Schools im ganzen Bundesstaat feierte man das Datum mit Aufmärschen und Paraden, natürlich in Original-Uniformen. Auch ein paar Indianer durften mitspielen und ihr Kunsthandwerk ausstellen.

Auf Isle Jean Charles hatte man andere Sorgen. Parfait hatte in den letzten Jahren einige Neuzugänge zu seiner Kirche getauft. Sie waren nun „born again Christians“. Sie reklamierten also wie fast die Hälfte aller Amerikaner, Gott persönlich erfahren zu haben und dadurch wiedergeboren worden zu sein. „Und dann traf ich Jesus …" – diesen Satz hatte ich schon oft gehört. Aber noch nie von einem Indianer.

„Macht die Angst vor der nächsten großen Flut die Leute gottesfürchtiger?" fragte ich.

„Vielleicht", sagte Parfait.

„Wie wird man wiedergeboren?"

„Indem Sie Jesus erkennen und als Ihren Herrn und Retter akzeptieren."

„Das kann ja jeder sagen …"

„Das merke ich schon, ob einer von Jesus erfüllt ist oder nicht."

„Und wie fühlt sich das an?"

„Oh, das merken Sie, wenn's passiert."

Wir schwiegen eine Weile. Im Gemeinderaum klimperten die Jugendlichen der Kirchenband ein paar Akkorde auf ihren E-Gitarren.

„Wenn ich also Jesus fände, würden Sie mich dann taufen?"

„Na klar."

„Hier?" Die Taufe bedeutete bei den „Wiedergeborenen" mehr als ein paar Wassersprengsel auf das Haupt. Man musste vollkommen untertauchen. Ich deutete skeptisch auf den Kanal vor der Kirche, in dem Autoreifen aus dem grünen Algenschlamm ragten.

„Um Gottes Willen, nein," sagte der Pastor. „Ich habe bei mir im Garten ein Schwimmbad."

Ich verabschiedete mich. Nathan Parfait griff wieder zum Besen und fegte die Sägespäne der letzten Renovierung seiner Kirche zusammen. Bis zum nächsten Sturm.

Landeinwärts, der Interstate 10 folgend, zog sich eine endlose Kette von petrochemischen Fabriken und Spielkasinos. Die letzte größere Stadt vor der Grenze zu Texas hieß Sulphur. Es roch entsprechend. Der Lokalzeitung zufolge hatte Sulphur gerade eine Schülerin namens Jessica Duplechin zur Schönheitskönigin gekrönt. Warum sich ein Mädchen mit dem Titel „Miss Schwefel“ strafte, blieb mir ein Rätsel. Jessica jedenfalls strahlte auf dem Foto wie Julia Roberts.

Ich hockte mich am frühen Nachmittag in ein Kasino, gewann 6,15 Dollar am Poker-Automaten und fuhr nach Texas.

Für Besuche in Texas hatte ich zwei Regeln. Erstens: einen großen Bogen um Houston machen. Zweitens: nach Austin fahren und bei „Threadgill's“ ein Bier auf Janis Joplin trinken. Dann fand sich meist alles Weitere.

Dieses Mal war ich nahe daran, die erste Regel zu brechen. Auf der Landkarte lockte ein Dorf namens Humble. Das Wort „humble“ bedeutet im Deutschen „demütig“ oder „bescheiden“. Humble, Texas – dieser Ortsname klang zu schön, um einfach vorbeizufahren.

Doch Humble lag gefährlich nahe an Houston, Amerikas Katastrophenzone in Sachen Stadtplanung. Houston hatte Los Angeles den Titel der Smog-Hauptstadt abgenommen. Seine suburbanen Fangarme hatten sich in alle Richtungen ausgebreitet, Dutzende von Dörfern und Kleinstädten eingewickelt und unter einem Betonteppich aus Autobahnen, Wohnparks und Shopping Malls begraben. Nur Humble trotzte der Großstadt. Es hatte gegen die Eingemeindung gestimmt, seine Main Street mit den kleinen Läden, seine Dorfpolizei und Dorffeuerwehr behalten; es hatte keinen „Starbucks“, sondern ein „City Café“, kein Multiplex-Kino, sondern ein Stadtmuseum. All das hatten die Bürger von Humble so liebevoll der Idylle der 50er Jahre nachempfunden, dass jeden Moment Doris Day und Rock Hudson um die Ecke biegen konnten. Bloß war dies ein Sonntagabend. In Humble hatte alles geschlossen – bis auf die „Deerbrook Baptist Church“.

„Sind Sie getauft, meine Liebe?“ Pastor Tom Duff Fritts hatte eine wuchtigere Stimme als sein Kollege Nathan Parfait. Er war ein knochiger, schwerer Mann mit enorm großen Ohren und manikürten Fingernägeln, ein dicker Siegelring rundete seine Erscheinung ab. Er war über 70 Jahre alt, „aber noch bestens in Form“. Fritts tippte sich mit dem Finger an die hohe, faltige Stirn.

„Getauft? Ja, schon“, murmelte ich. „Aber katholisch.“

Ich verschwieg meinen Austritt aus der Kirche vor zwanzig Jahren und meine Konversion ins Lager der Agnostiker. Außerdem war Pastor Fritts schon voll in Fahrt, berichtete von seinen deutschen Vorfahren, die im Unabhängigkeitskrieg gegen die Briten für das „Amerika des freien Markts und der Religionsfreiheit“ gestorben waren. Im Übrigen habe Humble, der Name seiner Stadt, nichts mit dem gleichlautenden Adjektiv zu tun. Pastor Fritts schien allein die Assoziation komisch zu finden. Mister Humble war der erste Ladenbesitzer des Dorfes gewesen, und weil bei ihm der Postsack für sämtliche Anwohner abgegeben wurde, nahmen die irgendwann der Einfachheit halber die Adresse „Humble, Texas“ an. Anfang des letzten Jahrhunderts wurde in Humble, Texas, Öl gefunden. Da war es mit Demut und Bescheidenheit ohnehin vorbei.

Nach dieser Einführung schob mich Fritts in die erste Reihe der halb besetzten Kirchenbänke, trat hinter seine Kanzel und eröffnete den Abendgottesdienst. „Der Herr hat uns heute einen besonderen Gast geschickt“, verkündete er. „Amen“, antwortete die Gemeinde zögerlich. „Ändrea Bomm ist heute bei uns als Vertreterin der katholischen Kirche in Deutschland.“ „Amen“, kam es wieder, nun schon lauter. „So kann man das nicht sagen“, protestierte ich, denn bei den Baptisten ist es anders als bei den Katholiken erlaubt, dazwischenzureden. Pastor Fritts war einen Moment verwirrt, fing sich aber gleich wieder. „Egal, jedenfalls reist sie durch unser Land. Wir wollen sie in unsere Gebete einschließen. Und jetzt helft ihr ein bisschen mit der Bibel. Wir schlagen die Sprüche Salomos auf, Kapitel drei."

Als die letzte Hymne gesungen war, wollte ich es noch einmal wissen:

„Wie fühlt es sich an, wiedergeboren zu werden?", fragte ich meine Banknachbarin, eine dicke Frau, die während des Gottesdienstes ununterbrochen Hustenbonbons gelutscht hatte.

Sie holte tief Luft. „Alle Last fällt von Ihnen ab", sagte sie und schüttelte ihre Hände aus, als wären sie nass. „Wärme geht durch Ihren ganzen Körper und es wird wunderbar hell." „Sie werden es noch erleben", sagte Pastor Tom Duff Fritts und drückte mir zum Abschied das Manuskript seiner Predigt in die Hand. Dann stapfte er zufrieden davon wie ein satter Kater – wahrscheinlich in der Zuversicht, an diesem Abend der katholischen Kirche in Deutschland eine Seele abgejagt zu haben.

Drei Stunden später war ich endlich in Austin, der Hauptstadt von Texas.

Austin hatte zwei Gesichter: Einerseits saßen hier der Gouverneur, ein machtloses Parlament, das alle zwei Jahre tagte, sowie 200 halbautonome Ausschüsse, die vom Schulwesen über die Landwirtschaft bis zu den Bestattungsinstituten fast alles verwalteten. Dieses System basierte auf Männerbünden und einer ausgeprägten Abneigung gegen transparante, demokratische Strukturen, und es hatte Texas einen landesweit schlechten Ruf eingetragen.

Andererseits gab es in Austin „Threadgill's", ein Wirtshaus, das gleichzeitig Bar, Museum und Bühne für Country- und Bluesmusiker war. „Threadgill's" war das Synonym für das „andere" Texas: großspurig natürlich, und macho, aber auch hedonistisch, melancholisch, gastfreundlich, misstrauisch gegen Autorität und sehr gelassen, was das Verhältnis von Gott zu Amerika betraf. Bei „Threadgill's" hatte man sich längst darauf verständigt, dass Gott dieses Land mit Janis Joplin gesegnet und im Übrigen andere Dinge zu tun hatte.

Ein Tankwart, Musiker und Schnapsbrenner namens Kenneth Threadgill hatte die Kneipe 1933 eröffnet. In diesem Jahr hob man in Austin das Alkoholverbot auf, Kenneth Threadgill ergatterte die erste Lizenz zum Ausschank, und sein Laden wurde in den folgenden Jahren zur renommierten Adresse für Südstaaten-Küche und Country- und Blues-Musik. Dreißig Jahre später bot Threadgill einer Gruppe langhaariger, Blues singender Studenten Asyl und Freibier, nachdem die Universität Alkoholausschank auf dem Campus verboten hatte. Von da an sang sich Janis Joplin jeden Mittwoch bei „Threadgill's" die Seele aus dem Leib, und der Wirt selbst sorgte dafür, dass es zwischen den Hippies und Rednecks seiner Kundschaft friedlich blieb.

Threadgill starb 1987, aber sein Wirtshaus war aus Austin nicht mehr wegzudenken. Ich trank mein Bier auf Janis und schrieb aus Threadgill's Kochbuch das Rezept für texanischen Kaviar ab:

Zwei Dosen Schwarzaugenerbsen, eine halbe Tasse gestückelte grüne Paprika, zwei Teelöffel gehackter Knoblauch, eine Tasse gewürfelte Zwiebeln (gelb), eine Tasse gewürfelte Zwiebeln (rot), eine Tasse Essig-und-Öl-Dressing, ein Esslöffel Gemüsewürze. Schwarzaugenerbsen abgießen, mit allen Zutaten mischen, acht bis zwölf Stunden ziehen lassen. Fertig.

Von der Wand gegenüber lächelte, wie immer diabolisch, Frank Zappa.

All das, dachte ich, musste man gesehen und gehört und geschmeckt haben, bevor man nach Midland fuhr. Dort, wo Amerika angeblich am texanischsten ist.

7. Midland, Texas: Die Invasion aus dem Hinterhof

Am Ortseingang von Midland, zwischen Reklame für Motels, Burger King und Schlankheitspillen, hatte Gott eine Nachricht hinterlassen. „Wenn der Mensch von seinen Sünden ablässt und zu beten beginnt", stand von Hand auf ein Werbeschild gemalt, „werde ich ihn erhören und sein zerschundenes Land heilen. In Liebe, Gott."

Der Satz klang nach stundenlanger Fahrt durch die verdörrte Ebene im texanischen Westen seltsam beruhigend, auch wenn ich nicht wusste, welche Sünden gemeint waren: Die schwarzen Ölpumpen, deren Hämmer wie Heuschreckenköpfe auf- und niederwippten? Oder die rosa getünchte Striptease-Bar „Satin Gentlemen's Club", die zwischen Öltanks und Industrieschrott leuchtete wie ein Knallbonbon?

Kaum hatte ich die Stadtgrenze passiert, zeigte sich Texas gekämmt und aufgeräumt. Die Straßen waren sauber gefegt, die Einfamilienhäuser gleich hoch, die Rasenflächen gleich groß, die Grashalme gestutzt, als wären es Rekrutenköpfe. Niemand hörte laute Musik, kein Halbwüchsiger ratterte auf seinem Skateboard über den Asphalt. Kaum jemand ging zu Fuß. Chromblitzende Geländewagen rollten in vorschriftsmäßigem Tempo über die breiten Straßen. Niemand hupte. Ich fingerte an meinem Autoradio herum und fand nichts als christliche Talk-Shows, Country-Musik und Kuschel-Rock. Nach der dritten Kreuzung verspürte ich das dringende Bedürfnis, wenigstens ein Stop-Schild zu missachten.

„Welcome to Midland, Texas, in the middle of somewhere". Diese Begrüßung hatte sich das Fremdenverkehrsamt ausgedacht, um die Stadt vor dem hämischen Etikett „in the middle of nowhere" zu schützen, das so vielen amerikanischen Provinznestern anhaftete. Doch Midland hatte über 100 000 Einwohner und lag nicht in der „Mitte von Irgendwo", sondern in einer Steppenlandschaft, die auf geologischen Karten als „Permisches Becken" eingezeichnet war. Hier befanden sich, außer Mesquite-Büschen, 22 Prozent der amerikanischen Erdöl-Vorkommen.

Midland hatte es in den letzten hundert Jahren dreimal zu nationalem Ruhm gebracht. Zum ersten Mal am 28. Mai 1923, als aus dem Bohrturm „Santa Rita" im Permischen Becken eine schwarze Fontäne in den Himmel schoss und die Kleinstadt samt ihren Baumwollpflanzern in einen Öl-Rausch stürzte. Zum zweiten Mal im Oktober 1987, als ein Kleinkind namens Jessica McClure in einen Wasserschacht gestürzt war und die Nation zwei Tage lang am Fernseher in einer Reality Soap Opera die Rettung von „Baby Jessica" verfolgte.

Zum dritten Mal am 20. Januar 2001, als George W. Bush seinen Amtseid als Präsident ablegte und man in Midland glaubte, das Weiße Haus erobert zu haben. Denn Bush sah sich als Sohn der Stadt, was, wie fast alles in seiner für den öffentlichen Gebrauch präparierten Biografie, eine stark zurechtgebogene Wahrheit war. Seine Frau Laura war in Midland aufgewachsen. Bush selbst war hier kurze Zeit zur Schule gegangen, hatte als junger Mann viel Geld im Ölgeschäft verloren und eine Bibelgruppe gefunden. „Wenn man mich verstehen will", hatte er einmal gesagt, „muss man den Geist dieser Stadt verstehen." Genau das hatte ich vor.

Midlands größte Attraktion war das „Petroleum Museum", ein flacher Betonbau direkt an der Autobahn. Die

Adresse passte zum Gegenstand der Ausstellung, doch der Lärm vorbeirauschender Lastwagen verlieh dem Ganzen die Atmosphäre einer Raststätte.

Das „Petroleum Museum" hatte für Midland ähnlich große Bedeutung wie das „U.S. Space and Rocket Center" für Huntsville. Es war der Ort, an dem beide Städte ihren Mythen huldigten. Nur gab es für den High-Tech-Spielplatz in Alabama eine Perspektive, die womöglich bis zum Mars reichte. Dem Museum in Texas haftete die Patina vergangener Zeiten an: Knallrote Zapfsäulen aus den 50er Jahren, grobkörnige Schwarz-Weiß-Fotos ölverschmierter Arbeiter, uralte, wackelige Aufnahmen von Ölbränden und, als Höhepunkt, ein stumpf beleuchteter Saal mit Kunstblumen und holzgetäfelten Wänden: „The National Petroleum Hall of Fame", die Ruhmeshalle der Pioniere der Ölindustrie.

Rechts oben hing das Porträt von George H. W. Bush. Auf einem Messingschild war kurz und knapp vermerkt: „Mitbegründer der Zapata Petroleum Corporation, herausragende Leistungen im Staatsdienst, 41. Präsident der Vereinigten Staaten". George Herbert Walker Bush war, streng genommen, kein Pionier gewesen, sondern als Sprössling einer reichen Ostküsten-Familie nach Texas gekommen, wo er dank bester Kontakte Millionen im Öl-Geschäft verdiente. Aber welche Ruhmeshalle konnte sich schon mit einem Präsidenten schmücken? Oder gar mit zwei? Die Ehrung seines Sohns, George Walker Bush, Begründer der Firma „Arbusto Energy" und 43. Präsident der Vereinigten Staaten, sei nur eine Frage der Zeit, sagte die Archivarin. Auch George Walker Bush war, streng genommen, nie Pionier gewesen, sondern hatte viel Geld aus den Kassen väterlicher Freunde verloren. „Aber er ist ein Sohn Midlands." Die Archivarin zuckte entschuldigend mit den Schultern und ließ eigens für mich die Dia-Show vorführen, die seit Jahrzehnten zum Programm gehörte. Es war ein nostalgischer Blick auf die zweite Eroberung Amerikas, als man das Land mit Highways, Motelketten und Fast-Food-Restaurants für eine neue mobile Mittelschicht zähmte, die mit dem Auto den Grand Canyon und Mount Rushmore besichtigen wollte, ohne sich dabei fremd zu fühlen. Dazu erklang fröhliche Hintergrundmusik, die nur einmal von Dur in Moll wechselte, als Araber in weißen Gewändern eingeblendet wurden. 1973. Embargo. Ölkrise. Leere Straßen. Lange Schlangen vor den Tankstellen. Tempolimit 55 Meilen pro Stunde. „Wir stellen ein Zwanzigstel der Erdbevölkerung und verbrauchen über ein Viertel der Rohöl-Produktion", sprach eine Stimme aus dem Off. „Und wir dürfen uns nie wieder in Geiselhaft nehmen lassen." Wie in einer Geisterbahn füllte das finstere Gesicht des Ayatollah Khomeini sekundenlang die Leinwand, dann war der Spuk vorbei, auf Moll folgte Dur, freie Bürger fuhren auf freien Straßen unter blauem Himmel in die unendliche Weite des Westens.

Nun war der iranische Revolutionsführer seit über 15 Jahren tot, und ich war mir nicht sicher, wie man in Midland heute über die Ölpolitik im Allgemeinen und die Araber und Perser im Besonderen dachte. Ich fragte die Archivarin nach einem typischen Öl-Unternehmer. Sie schickte mich in den „Petroleum Club", wo man abends in weichen Ledersesseln bei Whiskey und doppelten Martinis Barrel-Preise diskutierte. Der „Petroleum Club" schickte mich zu Jim Henry, Inhaber der Firma „Henry Petroleum" und Angehöriger der stolzen Kaste der „Independents", jener kleinen und mittleren Produzenten, die unabhängig von Marktriesen wie Exxon und Mobil operierten. Jim Henry gehörte außerdem der Methodisten-Kirche, dem „Club der Polarbären" sowie einigen karitativen Vereinen an und war ein Bekannter und Bewunderer von George W. Bush. Ich hatte „Mister Midland" gefunden.

„Mister Midland" war ein drahtiger, quirliger Mann mit breiten Hosenträgern und dem Gesichtsausdruck eines Menschen, dem das Leben wenig Anlass zum Zweifel gegeben hatte. Er begrüßte mich mit einem Lächeln, als wäre ich das Beste, was ihm an diesem Tag passieren konnte. An den Wänden seines Büros hingen die Zeugnisse eines schnurgeraden Lebenslaufs: die Urkunde der ehrenhaften Entlassung aus der Luftwaffe, das Diplom der Ingenieurwissenschaften, die Ehrungen des „Verbands der Ölproduzenten im Permischen Becken", die Mitgliedskarte im „Club der Polarbären". Jim Henry liebte die Natur, ganz besonders die Arktis und Alaska. Auf den Regalen standen Fotos von seiner Frau, drei prächtig geratenen Kindern, vier prächtig geratenen Enkelkindern und der soeben eingeheirateten Schwiegertochter aus den Philippinen. „Kam als Schulkind hierher, sprach kein Wort Englisch und gewann drei Jahre später den Buchstabierwettbewerb." Die junge Immigrantin war die vorläufige Krönung der Familienbiografie, die alles enthielt, was der amerikanische Traum verlangte: Erfolg, Geld, Kinder, die das Gleiche wollten wie ihre Eltern, und der feste Glaube, in einem harten Land in einer harten Branche oben geblieben zu sein.

„Henry Petroleum" produzierte täglich 10 000 Barrel Rohöl für den amerikanischen Markt. Das war nur ein kleiner Beitrag zu den 20 Millionen Barrel, die das Land jeden Tag schluckte. Aber es war ein Beitrag.

Anders als die Dia-Show im „Petroleum Museum" vermuten ließ, hatte Henry ein sehr pragmatisches Verhältnis zum Mittleren Osten.

Die Abhängigkeit seines Landes vom Erdöl und seiner Firma vom Ölpreis war ein unumstößlicher Fakt. Dementsprechend sortierte er die Welt nicht in „Gut" und „Böse", sondern in „zuverlässige" und „labile" Rohöl-Exporteure.

Saudi-Arabien, immerhin einer der Geburtshelfer von Al-Qaida, schätzte er aufgrund seiner „verantwortungsvollen Preispolitik“ ungemein. Allerdings gab er dem saudischen Königshaus kaum mehr zehn Jahre bis zum Untergang. „Zu viele junge, frustrierte, arbeitslose Männer. Das ist die größte Gefahr für jedes Regime.“ Kanada und Mexiko, zwei der wichtigsten Rohöl-Lieferanten, waren sichere Posten; Venezuela, Nigeria und die nationale Umweltschutzlobby potenzielle Unruhestifter, die abends im „Petroleum Club“ für Gesprächsstoff sorgten.

Die Welt drang also sehr wohl nach Midland, dessen Einwohner fremde Einflüsse abzuwehren suchten wie einen gefährlichen Virus. Gemeindeverordnungen hielten Go-Go-Bars und Sex-Shops außen vor; Eltern bestimmten, welche Musik ihre Kinder hören durften; Bibelschulen korrigierten die Evolutionstheorie, die manche Lehrer an der Highschool vertraten; Homosexuelle waren ebenso unsichtbar wie Demokraten.

Aber ein Zwist in den Reihen der OPEC, eine Drohgebärde im Präsidentenpalast von Caracas, ein kleines Beben auf dem Weltmarkt reichten aus, um die kleine Festung in West-Texas ins Wanken zu bringen – wie im „schwarzen Jahr“ 1986. Damals war der Barrelpreis auf elf Dollar gerutscht, und in Midland hatten nur noch die Pfandleiher und Konkursanwälte gute Geschäfte gemacht. Wie immer in Zeiten der Krise beriefen sich die Midlander auf eine höhere Gewalt und warfen sich Bußgewänder über. In den Jahren vor dem großen Crash, als der Ölpreis auf ewig in schwindeligen Höhen zu stehen schien, waren rosafarbene Rolls Royce-Limousinen durch die Stadt gerollt. Privatjets hatten den Flughafen verstopft. Im Champagnerfluss der Parties war das eine oder andere biblische Gebot in Vergessenheit geraten. Der Crash war die verdiente Strafe. Viele Unternehmer, unter ihnen

George W. Bush, fanden den Weg in die Bibelstunde, andere ein neues Stoßgebet. „Lieber Gott, schenk' uns noch einen Boom", klebte an vielen Auto-Stoßstangen. „Wir werden es nicht mehr vermasseln. Versprochen."

Das erinnerte mich an den schlitzohrigen bayerischen Katholizismus meiner Jugend. Aber die Midlander zwinkerten damals nicht mit den Augen. Sie zelebrierten ihr kleines Purgatorium mit todernster Rechtschaffenheit. Nichts zementierte den Glauben an Gott stärker als die eigene Fehlbarkeit – vorausgesetzt, man zeigte danach gebührend Reue. Nirgendwo beherrschte man die dafür nötige Theatralik besser als im Süden der USA.

Jim Henry hatte nie einen rosa Rolls Royce besessen. Er fuhr lieber einen „Corvette"-Sportwagen. Seine Firma hatte er damals durch die Entlassung der Hälfte seiner Mitarbeiter gerettet. Das brachte ihm heftige Schuldgefühle ein, die allerdings durch den Umstand gemildert wurden, dass die Betroffenen schnell aus Midland weggezogen waren. Das soziale Netz war in Texas noch loser gespannt als anderswo. Verlierer behelligten Gewinner nicht durch ihre weitere Anwesenheit. Das war ein ungeschriebenes Gesetz.

Der nächste Boom kam fünf Jahre später – und wenn Gott etwas damit zu tun hatte, waren seine Wege wahrlich unergründlich.

Henry breitete eine Papierrolle auf seinem Schreibtisch aus, auf der in feinen Zickzacklinien die Geschichte des Ölpreises und damit die Geschichte seines Unternehmens eingezeichnet waren. „Henry Petroleum" war 1969 ins Geschäft eingestiegen, als die größten Ölfelder im Permischen Becken bereits exploriert, Gerät und Land aber billig zu haben waren. In den folgenden Jahren kippte die Preiskurve einige Male nach unten, aber mehrere Male schlug sie steil nach oben aus – auf über 40 Dollar pro Barrel: 1982, 1991 und 2003.

Unter den Jahreszahlen hatte Henry säuberlich mit Bleistift die korrespondierenden politischen Ereignisse notiert. „Erster Golfkrieg: Iran – Irak“, „Besetzung Kuwaits: Zweiter Golfkrieg“, „Operation Iraqi Freedom“.

Saddam Hussein war gut fürs Geschäft gewesen, was nichts daran änderte, dass Jim Henry den amerikanischen Einmarsch von Herzen begrüßt hatte. Amerika und die Welt brauchten einen stabilen Irak, der wieder Öl exportierte. Wenn dafür ein Diktator gestürzt werden konnte und ein Land demokratisiert wurde – umso besser. Jim Henry vertrat wie die meisten Männer im „Petroleum Club“ die Ansicht, dass der Kollateralbonus der amerikanischen Politik allemal größer war als ihre Kollateralschäden.

Er ließ die Papierrolle wieder zusammenschnellen. So viel zur schönen Theorie. „Die nächste Ölkrise kommt bald, das können Sie mir glauben. Wenn Saudi-Arabien explodiert und wir den Irak noch nicht im Griff haben und Venezuela wieder verrückt spielt ...“ Er gab mir eine kurze Pause zum Mitschreiben. „Wir brauchen alternative Energien ...“

Ich sah ihn überrascht an. Solardächer in Midland?

„... Amerika muss das Saudi-Arabien der Kohle- und Atomenergie werden. Wir müssen endlich die großen Ölfelder in Alaska ausbeuten. Kein verdammter Elch stört sich an einer Pipeline.“ Er war so in Fahrt geraten, dass ich Mühe hatte, die Worte „Energie“ und „sparen“ dazwischen zu werfen. „Nichts mehr zu holen. Wir haben gespart, was zu sparen ist.“ Mein Blick schweifte zweifelnd auf seine Mitgliedskarte für den „Club der Polarbären“, was ihm nicht entging. „Es gibt einen feinen Unterschied“, sagte er, „zwischen Liebe zur Natur und dogmatischem Umweltschutz.“

Wenn „Mister Midland“ aus der Fassung zu bringen war, dann durch Artenschutzparagrafen, Abgasverordnungen und ökologische Verträglichkeitsstudien. All das kostete ihn erstens Geld und verletzte zweitens das Selbstverständnis seiner Firma als „corporate citizen", als Unternehmen mit Sinn fürs Gemeinwohl. Umweltschutzgesetze waren in seinen Augen die jüngste Ausgeburt einer bundesstaatlichen Bürokratie, die nicht begreifen wollte, worum es wirklich ging: dass der Nutzen des freien Unternehmertums für das Land immer größer war als der Schaden, den es anrichten mochte.

Also galt es, diese Bürokratie entweder zu bekämpfen oder, sofern sie nicht resistent war, zu beraten. In Texas hatte der Gouverneur 1997 den Katalog „freiwilliger Maßnahmen" zur Luftreinhaltung übernommen, den ihm die Öl-Industrie vorgelegt hatte. Sieben Jahre später saß der Gouverneur im Weißen Haus, und Jim Henrys Firmenanwalt hatte in Washington für die Ölindustrie gerade erfolgreich über eine Ausnahmegenehmigung bei der Einhaltung von Wasserschutzgesetzen verhandelt. Solche Gespräche führte man mit Regierungsberatern, nicht etwa mit Kongressabgeordneten. Parlamentarier waren im Texas des 21. Jahrhunderts ebenso unbeliebt wie im Texas des 19. Jahrhunderts. „Je öfter sich so ein verdammtes Parlament trifft, desto mehr verdammte Gesetze und Steuern beschließt es", hatte einer der Autoren der texanischen Verfassung von 1876 gesagt, bevor er und 89 andere Großgrundbesitzer für ihren Staat eine Legislative schufen, die nur alle zwei Jahre für 140 Tage zusammentreten durfte. Daran hatte sich bis heute nichts geändert.

Alles in allem mochte das erklären, warum in Texas so viele Giftstoffe in die Luft geblasen wurden wie in keinem anderen Bundesstaat.

Ich suchte in Henrys Miene nach einer Spur des Zweifels – oder wenigstens die Andeutung eines „Nach-uns-die Sintflut"-Lächelns. Ich blickte in das Gesicht freudiger Rechtschaffenheit. Nicht nur Texas, das ganze Land war auf dem

Weg zurück in eine bessere Zeit, in einen ursprünglicheren Zustand der Freiheit, in der Steuern auf ein Minimum beschnitten und der Einzelstaat wie der einzelne Bürger von der Bevormundung des Bundes befreit waren.

Die Folklore vom rauen Land der freien Unternehmer beruhte allerdings auf einer kollektiven Amnesie. Hätten die geschmähten Politiker im Kongress, angeführt von in Texas äußerst unpopulären Präsidenten wie Franklin D. Roosevelt oder Lyndon B. Johnson, nicht Milliarden von Dollars in die Infrastruktur investiert, wären die Südstaaten bäuerliches Hinterland geblieben.

Hundert Jahre nach der Niederlage der Konföderierten leckte man im Süden immer noch die Wunden aus dem Bürgerkrieg, lehnten „Southern Democrats“ immer noch alles ab, was progressive Republikaner und vor allem ihre eigenen Parteigenossen im Norden vertraten: Rassenintegration, gewerkschaftliche Organisierung, Sozialprogramme, progressive Besteuerung.

Staatliche Investitionsprogramme hatten den Süden des Landes nicht nur ökonomisch modernisieren, sondern auch aus seiner reaktionären Starre herauskatapultieren sollen. Der zweite Teil der Rechnung ging nicht auf. Von Alabama bis Texas kassierte man gern die Dollars aus Washington, um Straßen zu teeren, Stromleitungen zu legen, Dämme und Kraftwerke zu bauen. Gleichzeitig jagte man die Gewerkschaften zum Teufel, wetterte gegen das „big government“ und lockte mit der Aussicht auf Billig-Löhne und niedrige Steuern immer mehr Firmen aus den Nordstaaten in den Süden. Was dreißig Jahre später unter den Schlagworten „job migration“ und „outsourcing“ in der Debatte um die Globalisierung auftauchen sollte, hatte Amerika zuerst an sich selbst vollzogen. Ausgerechnet der „New Deal“ wurde zum Instrument der späten Rache des Südens am Norden.

Lyndon B. Johnson hatte es als einer der wenigen geahnt: „Heute haben wir den Süden verloren“, sagte er 1964, kaum dass seine Unterschrift unter dem Gesetz zum Verbot der Rassentrennung getrocknet war. Die Wählerschaft der „Southern Democrats“ lief in Scharen über zur „Republikanischen Partei“, die ihrerseits ihre progressive Vergangenheit abgeschüttelt hatte.

Im handgebundenen Wälzer der „Gesellschaft für die Geschichte von Midland County“ war zwischen Anekdoten über den Öl-Boom und Fotos von „Rotarier“-Versammlungen in dürren Worten zu lesen: „Die Gemeinde Midland verwandelte sich in den frühen 60er Jahren von einer Hochburg der Demokraten zu einer sehr konservativen Hochburg der Republikaner.“

Im Gegensatz zu George W. Bush war Lyndon B. Johnson ein Texaner von Schrot und Korn, aber keiner, mit dem mein „Mister Midland“ eine geistige Verwandschaft sah. Johnsons Krieg in Vietnam mochte ihm in Texas Pluspunkte einbringen; sein „Krieg gegen die Armut“ im eigenen Land disqualifizierte ihn als wahren Patrioten. Ein Staat, der Armen Sozialhilfe austeilte, zerriss das Gewebe dieser Gesellschaft: Davon war Jim Henry so überzeugt wie von der Existenz Gottes. „So zerstört man den Anreiz zur Arbeit. Das ist das Schlimmste“, sagte Henry.

Texas gab sich alle Mühe, den Anreiz aufrechtzuerhalten. Davon hatte ich mich ein paar Monate zuvor in Brownsville an der mexikanisch-amerikanischen Grenze überzeugen können. Dort hatte die Textilbranche, die einst aus dem teuren Nordosten des Landes in den billigen Süden abgewandert war, ihre letzten Fabriken nach Mexiko und Honduras verlegt. Die entlassenen Näherinnen, ausgestattet mit einem Arbeitslosengeld von 140 bis 160 Dollar pro Woche, standen Schlange in einer ausgeschlachteten Werkshalle, wo Mitglieder einer Erweckungsgemeinde Gottes Segen, Dosensuppen und Medikamente hart an der Grenze des Haltbarkeitsdatums austeilten.

Jim Henry reagierte auf solche Schicksale keineswegs kaltherzig. Regelmäßig ging ein üppiger Scheck mit seiner Unterschrift an die christliche „Casa de amigos“ in Midland, wo man Alte fütterte, deren Rente hinter den Lebenshaltungskosten zurückgeblieben war, und Sozialhilfeempfängerinnen beibrachte, sich für Bewerbungsgespräche „kompetitiv“ zu kleiden. Die „Casa de amigos“ war wie der „Petroleum Club“ ein gesellschaftlicher Fixpunkt der Stadt. Hier verausgabten sich Ehefrauen der Midlander Honoratioren im Ehrenamt. Zwischen Mittagsgebet und Altkleidersammlung verfluchten sie erstaunlich scharfzüngig die jüngste Kürzung der Sozialhilfe, die ihrer Einrichtung noch mehr Bedürftige zutrieb. Dem folgte umgehend das klassische weibliche Dementi: „Im Grunde verstehe ich ja nichts von Politik.“ Am Mantra der Stadt, wonach nicht der Staat, sondern der mit Wohlstand gesegnete Bürger seinem Nächsten half, war nicht zu rütteln. Das mache den Geist von Midland aus, sagte Jim Henry. Mein „Mister Midland“ glaubte an das Gute in der Welt – vor allem an das Gute in sich selbst.

Man konnte die Geschichte Midlands auch anders erzählen.

Es gab zwei unsichtbare Zäune in der Stadt. Im Süden markierte die Schnellstraße Richtung Odessa und El Paso die Grenze zwischen schwarzen und weißen Bewohnern. Am Südrand unterhielt die Heilsarmee einen Second-Hand-Laden und eine Obdachlosenunterkunft in unmittelbarer Nähe des Gemeindegefängnisses und der „Bails and Bonds“-Büros, wo man Kredit für die Kaution aufnehmen konnte.

Die Main Street kreuzte die Schnellstraße von Süden nach Norden und teilte Midland in Westside und Eastside, in Anglo-Amerikaner und Latinos.

Dora Cepeda wusste nicht mehr genau, wann die ersten Latinos es gewagt hatten, „einfach so“ den Westteil der Stadt zu betreten. „Es muss so Mitte der 70er Jahre gewesen sein.“

Dreißig Jahre später schienen Autobahn und Main Street eine unsichtbare Wetterwand zu bilden, an der Regenwolken abprallten. Im Nordwesten leuchteten Gärten und Golfplätze grün, im Südosten erstreckte sich ein braungelber Flickenteppich aus trockener Erde und struppigem Gras. Im Westen füllten Gotteshäuser einen halben Häuserblock mit soliden Sandsteinbauten, Parkplätzen und geräumigen Auffahrten; im Osten blätterten Schriftzüge wie „Cristo Viene“ oder „Iglesia de la Vida“ von den Torbögen kleiner Kirchen.

Zwischen reifenlosen Autos und Holzhäusern, deren einzig intakter Bestandteil häufig die Satellitenschüssel war, öffnete sich immer wieder Brachland, als hätte ein Tornado die eine oder andere Hütte herausgesaugt und hundert Meter weiter fallen lassen. Es gab Straßenzüge mit soliden Bungalows und klassischen Symbolen des Aufstiegs: Doppelgarage und Basketballkörbe in der Einfahrt. Sie waren den Bewohnern der Westside Beweis genug, dass jeder, der es nur wollte, den Aufstieg in die Mittelschicht schaffen konnte, wobei „Mittelschicht“ im Amerika des 21. Jahrhunderts ein sehr dehnbarer Begriff geworden war.

Dora Cepeda konnte man als Musterbeispiel für diesen Aufstieg sehen. In den 60er Jahren hatte sie als erste hispanische Lehrerin in der Eastside mexikanische Immigrantenkinder unterrichtet, deren Eltern für weiße Rancher und Baumwollfarmer schufteten. In den 70er Jahren kehrte sie als eine der ersten Latinas der katholischen Kirche den Rücken, weil deren Padres ihrer stockarmen Immigrantengemeinde stur in Kirchenlatein predigten – in Unkenntnis der Tatsache, dass Amerika das Land der unbegrenzten Wahlfreiheit war, wenn es um christliche Denominationen ging. Dora Cepeda konvertierte zu den Protestanten der „First Baptist Church".

In dieser Knappheit passte ihre Biografie wunderbar in das Midland der 60er Jahre, das George W. Bush später als Oase der Ruhe und Unschuld in einer turbulenten Zeit rühmen sollte. Dora Cepeda aber erinnerte sich nicht nur an die Bibelstunden in der „First Baptist Church", sondern auch an die Schilder in den Schaufenstern der Westside: „Hunde und Mexikaner bleiben draußen." Trinkbrunnen, Toiletten, Kinoreihen waren in „Whites only" und „Colored" aufgeteilt. Mit Letzteren waren vor allem die Mexikaner gemeint. In den Kirchen der Eastside tauschten die Gläubigen sonntags aus, wer vom Baumwollfarmer eins mit dem Gürtel überbekommen oder wer nachts mit blutigem Gesicht von der Polizeiwache zurückgekommen war.

Vierzig Jahre später hatten hispanische Bürgerrechtsgruppen vor Gericht gegen die Diskriminierung an den Schulen geklagt. Midlands Polizei hatte ihren ersten hispanischen Chef, und Dora Cepeda kaufte ein, wo es ihr beliebte. Dora Cepeda war eine kleine Frau, kaum 1,50 Meter groß. Sie war inzwischen 71, sah zehn Jahre jünger aus und zeichnete sich im Gegensatz zu „Mister Midlands" euphorischem Redefluss durch einen wortkargen Sarkasmus aus. Nach 34 Jahren im Schuldienst hatte sie sich einen musternden Blick angeeignet. Im Gespräch mit ihr fühlte man sich wie bei einem Vokabeltest.

Die Mitte ihres Wohnzimmer blockierte ein Massage-Stuhl. Sie hatte nach ihrer Pensionierung auf Massage-Therapeutin umgeschult. Die USA waren immer noch das Land der vielen Möglichkeiten – zumindest im Vergleich zu Mexiko.

Aber anders als bei Jim Henry war Dora Cepedas Glaube an das immanent Gute Amerikas begrenzt. Anders als Jim Henry, dessen Welt nur aus potenziellen Gewinnern bestand, kannte Dora Cepeda viele Verlierer.

Es gab unter den Latinos in Texas einen bissigen Spruch über die Anglos, deren Golfplätze sie pflegten und deren Küchen sie putzten: „Wenn's draußen donnert und blitzt, glauben sie immer noch, Gott würde sie fotografieren." Damit war sowohl die religiöse Selbstgerechtigkeit gemeint als auch die Unfähigkeit, Warnsignale vor der eigenen Haustür zu erkennen.

In Midland schlugen sich die Warnsignale in Statistiken nieder, und Dora Cepeda war eine der wenigen, die aus den Zahlen die Zukunft lesen konnte. Der Anteil der hispanischen Bevölkerung – mehrheitlich mexikanische Immigranten und ihre Kinder – war innerhalb der letzten zehn Jahre von 21 auf fast 30 Prozent gestiegen. Das lag im Trend für den ganzen Bundesstaat, dem die Demografen innerhalb der nächsten 40 Jahre eine hispanische Mehrheit prognostizierten. Die hatte Texas vor 180 Jahren schon einmal gehabt. Damals hieß es Tejas und stand unter der Verwaltung der mexikanischen Regierung. Diese begrüßte weiße Einwanderer aus den benachbarten USA ausdrücklich, sofern sie sich an herrschende Gesetze hielten wie die Steuerpflicht gegenüber der mexikanischen Regierung und das Verbot der Sklaverei. Den neuen Siedlern passte weder das eine noch das andere. Ihre Milizen schossen sich 1836 in die Unabhängigkeit. Neun Jahre später wählten die Bürger der „Republik Texas" – genauer gesagt: die weißen Männer unter ihnen – den Anschluss an die USA.

Dora Cepeda schöpfte eine gewisse Genugtuung aus der jüngsten demografischen Entwicklung. Sie baumelte mit ihren kurzen Beinen, um den Schaukelstuhl zum Wippen zu bringen. Jahrzehntelang hatten Anglos ihre südlichen Nachbarländer zum „American backyard“ erklärt, in den sie nach Belieben einritten. Nun rächten sich die Latinos mit einer waffenlosen Invasion und zogen aus dem Hinterhof in das Vorderhaus. „Man könnte fast sagen, wir holen uns unser Land zurück“, sagte sie. Außerhalb der eigenen vier Wände sagte sie so etwas nicht.

Man musste an dieser Stelle feststellen, dass die Texaner einer hispanischen Mehrheit in ihrem Staat vergleichsweise gelassen entgegensahen. Die Reaktion in Bayern oder Sachsen auf eine solche Prognose mochte ich mir lieber nicht ausmalen. Aber Dora Cepeda sah Gefahren, die andere nicht sahen – und das hatte mit ihren Erfahrungen als Lehrerin zu tun. Mexikanische Eltern brachten, auch wenn sie selbst kaum Schulbildung hatten, den Lehrern ihrer Kinder größten Respekt entgegen. Die Lehrer waren die Navigatoren in eine bessere Zukunft, die Eltern garantierten die nötige Disziplin – oft genug mit dem Gürtel.

Irgendwann aber waren die Eltern verschwunden. Die Väter, fand Dora Cepeda heraus, arbeiteten nicht nur tagsüber auf dem Bau, sondern bohnerten auch noch nachts die Böden der Supermärkte; die Mütter spülten morgens das Geschirr in der Krankenhauskantine und abends die Teller im Steakhouse; die Kinder regierten sich nachmittags selbst und brachten vormittags die Probleme einer sich auflösenden Familie in die Schule. Die Rate der Schulabbrecher unter den Latinos schoss in die Höhe. „Fast 40 Prozent“, sagte Dora Cepeda, seien am Ende ihrer Karriere ohne Zeugnis aus ihrer High School verschwunden – oft mit der großmäuligen Ankündigung, dass ein Mexikaner auch ohne Schulabschluss jeden Anglo in Grund und Boden malochen könne.

Just als der Kampf gegen Segregation und Diskriminierung Früchte zu tragen begann, hatte sich im ökonomischen

Gefüge der USA eine tektonische Verschiebung vollzogen, deren Beben nun an der Oberfläche zu spüren waren.

Die neue Generation mittelamerikanischer Immigranten war, anders als ihre Vorgänger, in einer postindustriellen Gesellschaft angekommen. Diese brauchte zwar immer noch ungelernte Arbeiter, zog aber immer mehr Leitern nach oben ein. Der Traum von „la vida mejor", vom besseren Leben, war nach zehn, fünfzehn Jahren Plackerei auf Erntefeldern und Baustellen, in Putzkolonnen und Schlachthöfen verblasst. Gleichzeitig gerieten ihre Kinder in ein Schulsystem, das eher Geld in sein Sicherheitspersonal als in seine Lehrkräfte investierte. „Kinder begreifen sehr schnell, welche Zukunft man in ihnen sieht", sagte Dora Cepeda.

In spätestens 30 Jahren würde jeder dritte Arbeitnehmer in Texas ohne Schulabschluss sein – die meisten davon Latinos. Auch das hatten die Demografen in Texas ausgerechnet. Ähnliches zeichnete sich in anderen Bundesstaaten ab. Seither machte das hässliche Wort von der „hispanischen Unterschicht" die Runde, von einem amerikanischen Lumpenproletariat mit Millionen Menschen.

Ich fragte Dora Cepeda, ob sie in jungen Jahren je dem berühmtesten Sohn der Stadt begegnet sei. Sie verneinte. Aber inzwischen lebte sie in einem kleinen Bungalow im Westteil, fünf Minuten von der Ohio Street, wo die Bushs in den fünfziger Jahren gewohnt hatten. „So gesehen, bin ich ihm ziemlich nahe gerückt", sagte Dora Cepeda.

Eine Woche Midland reichte mir. Ich beschloss, in Richtung New Mexico das Weite zu suchen. New Mexico – das klang fast wie ein anderes Land.

Aber man konnte Midland nicht vollends würdigen, ohne Odessa, die raue Nachbarstadt, besucht zu haben. Als in den 20er Jahren der Ölboom ausbrach, siedelten Bohrarbeiter,

Schweißer, Mechaniker und Sprengmeister in Odessa; Ingenieure, Manager, Grundstücksmakler und Rechtsanwälte zogen mit ihren Familien nach Midland. Der Klassengegensatz hatte beide Orte über die Jahrzehnte zutiefst geprägt, was sich, wie in Texas üblich, in der erbitterten Rivalität der Footballmannschaften der Highschools manifestierte.

Ich verließ Midland Richtung Südwesten, ließ das Schild mit Gottes Nachricht rechts liegen und bog nach ein paar Kilometern Autobahn in Odessa ab in ein Gewerbegebiet mit gleichförmigen, beige gestrichenen Lagerhallen. „County Line Store“ stand über einer der Türen, „Der Laden an der Gemeindegrenze“. Es war ein Mittwochnachmittag, auf dem Parkplatz standen dicht gedrängt Pick-Up-Trucks, deren Stoßstangen mit den politisch korrekten Bekenntnissen verziert waren: „Don’t Mess with Texas“, „Go Army“ und „Proud To Be American“.

Ich wusste, dass ich den größten Sex-Shop im Permischen Becken betreten hatte. Trotzdem verwirrte mich die Kundschaft. Deren sorgenfreie, zukunftsfrohe Gesichter hatten verblüffende Ähnlichkeit mit den Gottesdienstlern, die ich am Sonntag zuvor in der „First Methodist Church“ gesehen hatte. Und ihre Kleidung passte in meiner begrenzten Vorstellungskraft partout nicht zu einem Geschäft, von dessen Wänden die prallen Silikonbrüste der Hochglanzposter in die Regale zu kippen drohten.

Ein junges Pärchen mit Cowboyhüten studierte die Anleitung zu einer Penis-Pumpe. Ein älterer Mann in einer Baseballjacke der Texas Rangers zeigte einem milchgesichtigen Burschen in sauber gebügelten Wrangler-Jeans, wie man Lederstrapse anlegt. Ein Regal weiter prüften zwei Kaugummi kauende Frauen mit türkis beringten Fingern die Auswahl an Dildos, deren Tönung mit zunehmender Größe immer dunkler wurde. Offensichtlich verkaufte sich das Klischee von der sexuellen Omnipotenz des schwarzen Mannes auch in West-Texas.

Der Kassierer, ein künstlich gebräunter Mittvierziger mit getrimmtem Schnauzbart erkannte mich sofort als Auswärtige. Bei dem Zauberwort „Germany“ strahlte er mich an, als schickte mich ein anderer, besserer Stern. „Wow, wir hatten deutsche Pornos im Angebot – das war das Beste, was ich seit langem gesehen habe. Aber wir mussten sie leider aus dem Regal nehmen.“

Ein paar Sekunden lang fiel mir nichts ein. Ich war seit Wochen unterwegs, um das Zerwürfnis zwischen Europa und den USA zu erforschen, und hatte bislang nicht ein böses Wort über mein Land oder meinen Kontinent gehört. Stattdessen strahlte zuerst der Ruhm von Hitlers Raketenbauern auf mich ab, und nun gratulierte mir ein Texaner zum Handwerk deutscher Porno-Regisseure.

„Warum?“, stotterte ich schließlich. „Ich dachte, außerhalb von Midland ist alles erlaubt?“

War es auch. Odessa konnte außer dem „County Line Store“ noch vier weitere Läden für Porno-Magazine und mehrere Striptease-Clubs vorzeigen. Dieser Boom hatte allerdings ein „Anstandskomitee“ besorgter Bürger auf den Plan gerufen. Dem stand ausgerechnet die Mutter des Gemeinde-Sheriffs von Odessa vor, die sich offenbar ein fachkundiges Urteil über den Inhalt besagter deutscher Porno-Filme besorgt hatte. Weil der Inhaber des „County Line Store“ weder den Sheriff noch dessen Mutter verärgern wollte, verschwanden die Produkte made in Germany. Abgesehen davon laufe das Geschäft glänzend, sagte der Kassierer. „Die meisten Kunden kommen aus Midland. Und die haben Geld.“

Zwischen dem „County Line Store“ und der Grenze nach New Mexico lagen noch 116 Kilometer. Ich verließ die Überholspur nur einmal zum Tanken. Trotzdem beschlich mich das ungute Gefühl, Texas könnte vor mir herrollen wie ein gigantischer Teppich. Anderthalb Stunden später fing mein Autoradio wieder weltliche Rockmusik und Hip-Hop ein. In den Texten kamen Wörter wie „shit" und „piss off" vor. Ich war in New Mexico.

8. Von Midland nach Sacramento – oder: Kalifornische Träume

Die beiden Kojoten saßen stoisch hinter dem Drahtzaun, der das Land eines Ranchers von der Straße trennte. Sie hatten sich leicht voneinander abgewandt wie ein altes Ehepaar, das allabendlich auf der Veranda die Welt an sich vorbeiziehen lässt. Viel passierte nicht auf der Landstraße Richtung Albuquerque, aber hin und wieder bekamen die beiden etwas geboten: einen Bus voller Apachen auf dem Weg zum Powwow in Farmington; eine Kolonne von UFO-Spähern, die von den Dächern ihrer Camping-Anhänger stundenlang in den Himmel starrten, der in dieser Region für einen regen Verkehr unbekannter Flugobjekte berühmt war. Oder einen Konvoi von Demokraten aus Texas, die vor einer weiteren Abstimmungsniederlage aus dem Kapitol von Austin flohen. Da schwänzende Abgeordnete in Texas unter Anwendung von Zwang in die Sitzung geschleppt werden durften, bot sich New Mexico als Zufluchtstätte an. Der Bundesstaat war sonnig, landschaftlich schön und befand sich politisch in einer anderen Welt. New Mexicos Bewohner hatten sich im Bürgerkrieg an die Seite der Union gestellt, in den 30er Jahren einen schwulen Senator nach Washington entsandt und 1982 einen Gouverneur gewählt, der sämtliche Insassen des Todestrakts begnadigte.

Die beiden Kojoten saßen regungslos hinter dem Zaun, offensichtlich erhaben über solche Details. Ich stieg in respektvollem Abstand aus. Mit Kojoten musste man vorsichtig sein. Ich hatte mich vor Jahren einen Sommer lang als Schafhirtin bei Grace Ben versucht, einer alten Navajo-Frau mit einem runzeligen Walnussgesicht und einer unorthodoxen Art, die Traditionen ihres Volkes mit den Einflüssen der modernen Welt zu versöhnen. Sie ging mit Insektenspray auf Klapperschlangen los, bewahrte die Utensilien für ihre schamanischen Rituale unter einem fluoreszierenden Jesus-Teppich auf und kaufte einen nagelneuen Chevy-Pick-Up-Truck, den sie selbst nie fuhr, weil ihr das Geräusch des Motors unheimlich war. Im Umgang mit Kojoten hielt sie es jedoch eindeutig mit den alten Traditionen: „Laufen sie vor dir weg, ist alles in Ordnung. Kommen sie näher, bringen sie schlechte Nachrichten der Geister."

Die zwei sahen mich eine Weile an und trollten sich. Ich nahm es als gutes Omen für die nächsten 600 Meilen in Richtung Kalifornien, den Staat der Utopisten, Goldgräber, Bodybuilder und Feng-Shui-Pioniere. Kurzum: die letzte Ausfahrt für alle, die nach dem perfekten Glück für Geist und Körper suchten.

Man könne erst durch die Vergangenheit und dann durch die Zukunft Richtung Los Angeles fahren, hatte Mike Davis, Amerikas unermüdlicher Prediger gegen die Mega-Städte, geschrieben und die Grenze zwischen beidem in Victorville ausgemacht, 140 Kilometer östlich des Pazifik in der Mojave-Wüste. Bis dorthin seien Kaliforniens Aussteiger, Biker und Eigenbrötler verdrängt worden, die einen Wohnwagen und ein paar schummrige Kneipen jeder suburbanen Mittelschichtidylle vorzogen.

Im Frühjahr 2004 war in Victorville die Zukunft eingezogen. Eine neue Fertigbaustadt hatte sich über den alten, staubigen Kern gestülpt. Victorville sah aus wie soeben ausgepackt. Gerade bezogene, frisch gestrichene uniforme Häuser; Schulen, an denen noch Bauarbeiter hämmerten; Mini-

Malls, in denen man tanken, Geld ziehen, Videos ausleihen, Handys kaufen, Autos frisieren, Muskeln aufbauen, Fett absaugen, den Bauchnabel tätowieren und seinen Laptop reparieren lassen konnte. Ebenso schnell wie die Welt des Konsums und der körperlichen Selbstverwirklichung war das Gerüst des amerikanischen Gemeinschaftslebens errichtet. Der Rotary-Club ehrte die jahrgangsbesten Schüler; Väter trainierten die Baseballteams ihrer Sechsjährigen; man schwitzte am Wochenende beim Volkslauf gegen Brustkrebs und bildete Organisationskomitees für die Parade am 4. Juli, bei der man die Temperaturen der Mojave-Wüste zu ertragen hatte. 40 Grad und schlimmer.

Victorville war keine reiche Stadt. Hier hatten sich Familien niedergelassen, die sich den Traum vom eigenen Haus mit Garage, Garten und Basketballkorb nur weitab von der Küste leisten konnten: Schwarze, Weiße und Latinos. Der Traum vom Mittelschichtglück hatte möglich gemacht, was Jahrzehnte staatlicher Politik nicht geschafft hatten – ethnisch integrierte Schulen und Nachbarschaften. In künstlichen Städten ohne Geschichte gab es keinen Anlass, sich zu segregieren. Dafür nahmen die Erwachsenen täglich drei, vier oder mehr Stunden Pendelverkehr zwischen Arbeit und Heim in Kauf. Die stadtplanerische Lösung: eine verbreiterte Autobahn.

Die Vergangenheit lebte nordöstlich von Victorville an der Route 66. Verblichene Reklameschilder halbseidener Motels, Kneipen wie der „Iron Hog Saloon“, Wohnwagen-Parks mit bizarren Schrott-Skulpturen und blitzenden Harley Davidson-Maschinen, Museen wie die „Striptease Hall of Fame“. Ich dachte erst, ich hätte mich verlesen, aber nach der „Petroleum Hall of Fame“ wunderte mich gar nichts mehr.

Die Ruhmeshalle der Nackttänzerinnen lag abseits der Route 66 in Helendale. Auf dem Rasen eines morschen weißen Bungalows standen nackte griechische Knaben aus Gips, links schimmerte ungesund grünlich ein Swimmingpool. Draußen trieb der Wind lose Sträucher, Plastikmüll und Sand durch die Luft, drinnen roch es nach Puder und Altkleidern.

Dixie Evans, eine Veteranin der Branche, hatte ihren Ruhesitz zum Museum umgewandelt und mit ihren Memorabilia vollgestopft: glitzernde Büstenhalter, Neon-Herzen, Strapse und vergilbte Fotos alter Stars, deren Namen ich hier zum ersten Mal hörte: „Irma, The Body“, „The Naked Rockettes“, „Tempest Storm“ und „Sherri Champagne“ – Meisterinnen des Fachs aus den 30er, 40er und 50er Jahren, als man noch von „Burlesque“ statt „Striptease“ sprach und niemand Silikonimplantate oder Botoxspritzen benutzte. Dixie Evans, inzwischen 78 Jahre alt, zeigte sich kurz in platinblondiertem Haar und schürzte ihre Lippen zu einem Schmollmund. Die „Marilyn Monroe ohne Kleider“ hatte man sie einst genannt. „Dixie geht's nicht mehr so toll“, krächzte ihr Hausmeister, ein hagerer, streng riechender Kerl mit Raucherstimme, der sich mit gebrochenem Knöchel im Rollstuhl durch das Anwesen quälte. Sollte Dixie, was Gott verhüten mochte, irgendwann das Zeitliche segnen, dann käme sie zu Sherri. Er deutete auf eine bronzene Urne, um die eine rosa Federboa geschwungen war. Das waren die sterblichen Überreste von „Sherri Champagne“, für immer in der Ruhmeshalle verewigt. „Tempest Storm“ hingegen war mit 73 Jahren noch in exzellenter Form und ließ anlässlich des jährlichen Treffens der „Liga der exotischen Tänzerinnen“ ihre patriotisch dekorierten Hüllen fallen.

Es mochte schlecht riechen, doch die „Striptease Hall of Fame“ war für Biker-Cliquen ein ebenso beliebter Treffpunkt wie für die Golf spielenden Pensionäre aus der benachbarten Senioren-Siedlung „Silver Lakes“, wo es zwar keine silbernen Seen, dafür aber eben die Beine von „Tempest“ zu bestaunen gab. Anders als in Texas vertrugen sich die Subkulturen des Landes hier ausgezeichnet, und anders als in Texas sprangen Frauen, die sich professionell auszogen, in Kalifornien auch auf die politische Bühne. Ein Busenwunder namens Mary Carey hatte bei den letzten Gouverneurswahlen kandidiert und vorgeschlagen, das Haushaltsdefizit mit einer Steuer auf Brustimplantate zu beseitigen. Manchmal musste man dieses Land einfach lieben.

Ich bog hinter Victorville nach Nordwesten ab, immer darauf bedacht, dem Moloch Los Angeles nicht zu nahe zu kommen. Links erhoben sich die San Gabriel-Berge, wo Ski fahren konnte, wer keine Lust auf Surfen hatte; rechts stiegen Flugzeuge von der Edwards Air Force Base in den Himmel. Berge, Naturparks und Militärstützpunkte waren unantastbare Territorien für die landhungrigen Angelenos auf ihrem Treck ostwärts in die Mojave-Wüste. Und noch sah man auf dem Landkorridor zwischen Ski-Gebiet und Luftwaffenbasis nur das endlose Spalier der silbernen Hochspannungsmasten, deren Stromkabel sanfte Wellen über die ockerfarbenen Hügel zeichneten. Die Schotterwege, die links und rechts ins Nichts führten, hatte man wie oft in Amerika einfach durchnummeriert. Hier aber las sich „187th Street East" wie eine Drohung der Grundstücksmakler aus Los Angeles.

Kurz vor der „165. Straße" ragten rechterhand mysteriöse Ruinen empor. Sechs Säulen und zwei mannshohe Mauern, errichtet aus wuchtigen Felsbrocken und Mörtel. Wer immer hier gebaut hatte, hatte lange bleiben wollen. Kein Hinweisschild erklärte diesen Ort. Im Schatten der Mauer lagen leere Bierdosen neueren Datums. Jemand hatte „Hector loves Missy" an die Mauer gesprüht – vermutlich Hector.

Mehr als die Ruinen war vom Traum der sozialistischen Stadt Llano del Rio nicht geblieben. 1914 ließen sich ein paar Dutzend Mitglieder der „Young Peoples' Socialist League" hier nieder, gründeten eine Kooperative und versprachen jedem Interessenten vier Dollar Mindestlohn am Tag und die Chance, „der Welt einen neuen Trick zu zeigen: wie man ohne Krieg, Zins, Pacht und Profit gut leben kann“. Ein Jahr später wohnten hier rund tausend Menschen: Aussteiger, Bohemiens, Arbeitslose und Gewerkschafter, die sich in den Streiks dieser Jahre eine blutige Nase geholt hatten. Prominenter Kopf dieser amerikanischen Kibbuzniks war ein Anwalt namens Job Harriman, der 1911 knapp die Wahl zum Bürgermeister von Los Angeles verloren hatte und der „Stadt der Engel“ nun seine Alternative vor die Tür setzen wollte. Die benachbarten Rancher, die Geschäftsleute und die Los Angeles Times spuckten Gift und Galle gegen das „rote Gewürm“. Dieses aber schuf für ein paar Jahre eine blühende Landschaft in der Wüste, produzierte Mais, Kartoffeln, Obst und Milch, unterhielt seine eigene Bäckerei, Pferdeställe, eine Zeitung mit dem Titel „Western Comrade“, ein Ragtime-Orchester, eine Montessori-Schule und ein Hotel für Sympathisanten.

Dann verlor Llano del Rio per Gerichtsbeschluss den Zugang zu lebensnotwendigen Wasserquellen. Außerdem zerstritten sich die Bewohner über den Mindestlohn. 1917 verließen sie ihr kleines Reich, um in Louisiana das „Neue Llano“ aufzubauen. Keine 24 Stunden nach ihrem Auszug hatten die Rancher niedergerissen, was niederzureißen war. Nur wenige Häuser hielten der Zerstörung stand. Aldous Huxley lebte hier in den 40er Jahren, sah zu, wie die heißen Windstürme der Mojave-Wüste durch die Ruinen fegten und erklärte Harrimans Utopie für absolut unvereinbar mit der menschlichen Natur.

Um in diesen Tagen politische Utopisten zu treffen, musste man an die einschlägig verdächtigen Orte fahren. Nach Berkeley, jener Universitätsstadt, der vierzig Jahre nach Beginn der Flower Power-Bewegung immer noch die Aura des Batik-Hemds und des pausenlos kreisenden Joints anhaftete.

Rund um den Campus der University of California bot sich an einem halbwegs sonnigen Tag im Jahre 2004 folgendes Bild: Studenten mit kurz geschorenen Haaren, durchtrainierten Oberkörpern und tätowierten Bauchnabeln bevölkerten die Cafés, auf dem Tisch den Laptop, am Gürtel das Handy, im Ohr die Kopfhörer des MP3–Players. Touristen schlenderten zwischen Straßenständen mit Hanf-Schmuck und T-Shirts, deren Aufdrucke entweder Marihuana und Che Guevara priesen oder die Auflösung des amerikanischen Militärs forderten. Teenager mit Rastalocken jonglierten auf den Wiesen, Veganer meditierten in einem Zelt für „Mother Earth“.

Die Kulisse sah mehr nach kommerzieller Folklore als nach politischer Substanz aus. Die Universität war längst nicht mehr Hochburg eines Aufstands gegen das Establishment, die Studenten dachten inzwischen konservativer als ihre Professoren, und die ehemaligen Hippies waren mit den Jahren Eigenheimbesitzer geworden. Aber mit der südlichen Nachbarstadt Oakland, dem einstigen Zentrum der „Black Panther“, und San Francisco, einer Festung der Schwulen-und Lesben-Bewegung auf der anderen Seite der Bucht, bildete Berkeley immer noch das linke Ballungszentrum Amerikas – mit anderen Worten: die Gegenstadt zu Midland, Texas.

Insofern war es kein Wunder, dass gerade hier beim Mittagessen zweier politisch frustrierter Eheleute „The New Movement“, die neue Bewegung, erwachsen war.

Es hatte alles 1998 begonnen, als das Land noch ein anderes war und gebannt auf einen zappelnden und sich windenden Präsidenten starrte, den die Affäre mit einer Praktikantin an den Rand der Amtsenthebung getrieben hatte. Die Geschicke der einzigen Supermacht, so schien es damals, hingen von den Spermaflecken Bill Clintons auf den Kleidern Monica Lewinskys ab.

Joan Blades und Wes Boyd, zwei erfolgreiche Software-Unternehmer in Berkeley, waren von dem Spektakel wie die Mehrheit ihrer Landsleute fasziniert und angewidert. Denn wie die Mehrheit ihrer Landsleute fanden sie Clintons pubertäre Schürzenjägerei peinlich, hielten die Forderung nach Amtsenthebung jedoch für grotesk. Doch die Mehrheit war, wie so oft, irrelevant, weil sie weder vor dem Kapitol demonstrierte noch ihre Abgeordneten mit Massenbriefsendungen, Telefonanrufen und E-Mails bombardierte.

Die „Lewinsky-Affäre" war, wie einige Beteiligte im Nachhinein gern zugaben, eine brillante Inszenierung der politischen Rechten gewesen. Sie hatte eindrucksvoll demonstriert, wie man den Gegner in die Ecke und fast zu Boden zwingen konnte, wenn man nur lange genug dafür gearbeitet hatte. An der Kampagne gegen Clinton waren nicht nur republikanische Abgeordnete beteiligt, sondern auch erzkonservative Radiomoderatoren, Fernsehprediger, ein paar millionenschwere und spendenfreudige Unternehmer, Think Tanks und einige meist religiöse Basisorganisationen – allesamt vernetzt durch das Internet, Telefonketten, Konferenzen und den Glauben an eine Mission: Nicht soziale Ungleichheit, Diskriminierung oder Finanzskandale plagen das Land, sondern moralischer Verfall, Abtreibung, Homosexualität und eben ein notorisch ehebrechender Präsident.

Was sich 1998 abspielte, war weniger eine politische „Verschwörung" als das Ergebnis von dreißig Jahren Mobilisierung und Vernetzung für eine Regenbogenkoalition von rechts.

Joan Blades und Wes Boyd, linksliberal eingestellt, aber politisch aktiv, beschlossen an einem Septembertag 1998 nach einem Lunch beim Chinesen an der Ecke wenigstens ein kleines Zeichen des Protests zu setzen. „Censure and

Move on" lautete die Überschrift ihrer Internet-Petition an den Kongress, was heißen sollte: „Erteilt dem Präsidenten eine Rüge, und kümmert euch endlich wieder um die Geschicke des Landes." Die Petition ging per E-Mail an hundert Freunde und Bekannte. Eine Woche später hatten 100 000 Menschen unterschrieben. Die „Neue Bewegung" war geboren.

Zwei Monate später war „MoveOn" eine Organisation mit 500 000 registrierten Online-Aktivisten, die per „Action-Forum"-Software darüber abstimmten, welche Prioritäten die Organisation setzte und welche Kandidaten sie unterstützte. Sechs Jahre später waren es fast zwei Millionen Menschen in den USA. Ihr politisches Profil sah in groben Zügen so aus: Sie schätzten weder Haushaltsdefizit noch Schulgebet, sympathisierten eher mit Robert Redford als mit Arnold Schwarzenegger und fürchteten eine Mehrheit konservativer Hardliner im Obersten Gerichtshof. Sie waren gegen den Irak-Krieg gewesen, gingen eher zum Yoga als auf die Jagd, hielten die Vereinten Nationen für eine ganz brauchbare Organisation und die sexuelle Orientierung eines Menschen für dessen Privatsache. Es gab unter ihnen Geiferer, die George W. Bush für schlimmer erachteten als Saddam Hussein, und heimatlos gewordene Konservative, die ihre Republikanische Partei nicht wiedererkannten. Und es gab unter ihnen viele jüngere Wahlberechtigte, die bislang von ihrem Stimmrecht keinen Gebrauch gemacht hatten. Im Frühjahr 2004 vereinte sie ein Ziel: „Regimewechsel in Washington". Die Internet-Generation war auf die Straße gegangen – virtuell und real. MoveOn konnte innerhalb von wenigen Tagen Hunderttausende mobilisieren, die ihre Kongressabgeordneten mit E-Mails und Telefonanrufen überschwemmten. Die Organisation hatte Spenden in Millionenhöhe eingesammelt und finanzierte politische Werbespots.

Der Regenbogenkoalition von rechts stand ein noch junger, aber ernst zu nehmender Gegner gegenüber.

Die „Jeanne d'Arc des Cyberspace" hatte man Joan Blades in der Presse genannt. Ich hatte die Co-Konspiratorin eines solchen Aufstands in einem hektischen Büro mit flimmernden Computer-Bildschirmen und piepsenden Handys erwartet. Im Haus des Ehepaares Blades-Boyd herrschte aufgeräumte Ruhe. Die beiden Kinder waren in der Schule, Ehemann Wes unterwegs. Der Einkauf war noch zu erledigen. Hobbes, der Hund, musste ausgeführt werden. „Haben Sie Lust auf einen schnellen Spaziergang?"

Joan Blades war klein, schlank und trug mit 48 Jahren immer noch den unerschütterlich optimistischen Gesichtsausdruck der amerikanischen Rucksacktouristin, die man früher oft auf europäischen Bahnhöfen sah. Die langen Haare waren einfach gescheitelt, die Brille altmodisch groß, um den Hals trug sie ein Kette aus Holzklötzchen, in die ihr Name eingeschnitzt war. Im Leben der Joan Blades deutete zunächst nichts darauf hin, dass sie zu einer veritablen Gegenspielerin der politischen Rechten werden würde. Sie hatte Jura studiert, einen erfolgreichen Scheidungs-Ratgeber geschrieben, war dabei glücklich verheiratet geblieben, hatte zwei Kinder bekommen und mit ihrem Mann Wes Computerspiele und den „Fliegenden Toaster", einen Bildschirmschoner, erfunden. 1997 verkauften die beiden ihre Firma für 15 Millionen Dollar. Es war eine der vielen kleineren Erfolgsstories aus Silicon Valley. Ein Jahr später schickten sie jene folgenreiche E-Mail an ihre Freunde ab.

Ich hatte Joan Blades von meinen Begegnungen mit den aufrechten, „mitfühlenden Konservativen" in Midland, Texas erzählt. Nun stand sie auf den Hügeln über der Bucht von San Francisco, neben sich den hechelnden Hobbes, vor sich eine schnaufende Reporterin, und stemmte energisch die Hände in die Hüften. „Erklären Sie mir, wie diese Leute denken. Seit wann ist es mitfühlend oder konservativ, Kohlekraftwerke von Umweltauflagen zu befreien? Oder die Superreichen mit Steuergeschenken zu überhäufen?"

Ich fühlte mich überfordert, die Rolle eines texanischen Konservativen einzunehmen und solche Positionen zu erklären. Blades hatte in den letzten Monaten zaghaft Kontakte zu Bush-Republikanern geknüpft, um „diese Menschen zu begreifen". Bislang ohne Erfolg.

Ich fragte mich, wie lange dieses Experiment virtueller und virtuoser Basis-Demokratie gut gehen würde. Das Internet erlaubte die grenzenlose Versammlungsfreiheit und bot keinen Schutz gegen unerwünschte Koalitionspartner. Der Cyberspace beschleunigte die Mobilisierung der eigenen Anhänger, doch am Ende brauchte politisches Engagement immer auch die reale Gemeinschaft. Das hatten Blades, Boyd und ihre sechs hauptamtlichen Mitarbeiter erkannt. Kam über das Internet der Appell, an Straßenständen und in Shopping Malls Kuchen zu verkaufen und Petitionen auszulegen, dann wurde in ein paar hundert Städten der Teig ausgerollt. Online-Aktivisten zeigten ihr Gesicht bei Bürgerversammlungen und Stadtratssitzungen oder schrieben ihre politischen „Revival"-Erlebnisse ganz altmodisch auf Papier. „50 Ways To Love Your Country" lautete der Titel des „MoveOn"-Handbuchs. „50 Wege, Dein Land zu lieben". Nicht alle Aktionen waren erfolgreich gewesen. „MoveOn" hatte mit aller Kraft die Wahl Arnold Schwarzeneggers zum kalifornischen Gouverneur zu verhindern versucht. Vergebens. „Schwarzenegger ist ein Mythos", sagte Blades. „Gegen einen Mythos kann man nicht gewinnen."

Eines war klar: Anders als ihre Vorgänger in den 60er Jahren würde diese Bewegung keine Fahnen verbrennen und keine heimkehrenden Soldaten bespucken. Ihre Mitglieder glaubten an das immanent Gute Amerikas. So viel hatten sie mit erzkonservativen Landsleuten wie Jim Henry, dem Öl-Unternehmer in Midland, gemeinsam. Der Rest war ein Kampf um die Seele des Landes und um den Titel „wahre Patrioten".

„So sehr wie wir", sagte Joan Blades, „können sie ihr Land gar nicht lieben." In einer Stunde kamen die Kinder aus der Schule. Der Hund musste gefüttert werden. Die kleine Pressekonferenz war beendet. Eine letzte Frage hatte ich noch. „Ist der Hund nach dem Philosophen benannt?"

„Nein. Nach einer Comic-Figur."

9. Sacramento, Kalifornien: Seines Bruders Hüter

Wenn jemand Amerika verfluchen und seine Fahne verbrennen durfte, dann Bill Babbitt. Ich hatte Babbitt von Berkeley aus angerufen, um meinen Besuch anzukündigen. „Weht die Fahne noch?", fragte ich. „Die Fahne weht", sagte er. Er hatte die amerikanische Flagge vor seiner Haustür seit dem 11. September 2001 nicht eingeholt.

Ich kannte Bill Babbitt seit zwei Jahren, hatte ihn immer wieder getroffen und mich jedes Mal gefragt, wann diesen Mann endlich der heilige Zorn auf sein Land packen würde. „Welchen Sinn soll das haben?", antwortete er ein ums andere Mal. Manchmal schien er fast erleichtert darüber, dass die große nationale Katastrophe der Terroranschläge ihm erlaubte, seinen Patriotismus tagtäglich zu demonstrieren.

Bill Babbitt lebte am Stadtrand von Sacramento. Sacramento, der Regierungssitz Kaliforniens, lag rund 150 Kilometer landeinwärts von der Pazifikküste. Ähnlich wie in Los Angeles verliehen Sonne und Palmen selbst ärmeren Stadtvierteln den Anschein einer Bacardi-Reklame. In einem solchen Viertel hatte Babbitt früher gewohnt, dort hatte das Drama seinen Lauf genommen. Inzwischen war er mit seiner Frau umgezogen nach Laguna Creek, einer umzäunten Siedlung mit zweistöckigen Häusern, Sackgassen und gepflegten Gärten – eine kleine Idylle. Manchmal stellte er sich vor, sie wären eine ganz normale Familie geblieben: er, seine Frau Linda, seine Mutter, seine Schwestern und Manny, sein verrückter Bruder. Eine Familie, die im Frühjahr den Gartengrill anwarf, im Dezember den Plastik-Weihnachtsmann auf den Rasen stellte und abends Baseballergebnisse oder die täglichen Nachrichten aus dem Irak diskutierte. Manny hätte wahrscheinlich von nichts anderem geredet als vom Krieg. Das war sein Thema.

Bill hatte Mannys Totenschein aufgehoben und ein Foto seines Bruders darauf geklebt. Als Geburtsdatum war der 3. Mai 1949 eingetragen, als Todestag der 4. Mai 1999, amtlich bestätigt von Dr. Ross R. Davis, San Quentin, Marin County, Kalifornien. Unter der Rubrik „Todesursache“ hatte der Arzt „Totschlag“ angekreuzt und mit Schreibmaschine „gerechtfertigt“ darüber getippt. Manuel Pina Babbitt, genannt Manny, war am 4. Mai 1999 im Gefängnis von San Quentin durch die Injektion eines Herzlähmungsmittels exekutiert worden. Bill Babbitt hatte dabei zugesehen. „Ich vergebe Euch allen“, hatte Manny gesagt. Seine letzten Worte klangen wie eine zynische Verhöhnung in den Ohren der Angehörigen jener Frau, für deren Ermordung er verurteilt worden war. Für Bill Babbitt waren sie der Rettungsring, an dem er sich seither festhielt.

Bill war ein kleiner Mann mit einem mächtigen Bauch, pfeffergrauem Haar, Tränensäcken unter den Augen und Schwielen an den Händen. Über 20 Jahre hatte er als Rohrleger bei der Eisenbahn gearbeitet, dann eine Stelle in der Wartungsabteilung beim kalifornischen Straßenbauamt bekommen. Es war ein Job mit Pensionsanspruch und ordentlichem Gehalt, von dem er sich zusammen mit seiner Frau Linda die Raten für das Haus in Laguna Creek leisten konnte.

Sein Arbeitsplatz lag im Zentrum von Sacramento. In der Mittagspause lief er manchmal durch den Park vor dem Büro des Gouverneurs, wo er gegen Mannys Hinrichtung demonstriert hatte. In dem Büro saß damals Gray Davis, der schließlich den Hinrichtungsbefehl unterzeichnet hatte. Inzwischen hieß der Amtsinhaber Arnold Schwarzenegger. Babbitt hoffte, Schwarzenegger irgendwann zu treffen. Vielleicht würde ihm der neue Gouverneur gewähren, worauf er seit Jahren wartete: die Anerkennung, dass er ein guter Staatsbürger war – und eine Entschuldigung dafür, dass sein Land ihn verraten hatte.

Es war Freitag, als ich in Sacramanto ankam. Bis zu Mannys Todestag war es noch eine Woche, und Bill hatte sich seine übliche Therapie verordnet. Reden. Er war kein guter Erzähler, er brachte Jahreszahlen durcheinander, verlor den Faden, geriet manchmal ins Predigen oder in ein imaginäres Zwiegespräch mit seinem Bruder. Seine öffentlichen Auftritte erschienen mir manchmal mehr als selbstauferlegte Strafe denn als Therapie. An diesem Freitagmorgen blickte er in die Gesichter von 200 Zwölftklässlern der John F. Kennedy-High School in Sacramento. Die Staatskundelehrerin hatte das Thema „Todesstrafe" angesetzt. Die Schüler saßen auf den Zuschauerbänken der Turnhalle, Babbitt stand mit dem Mikrofon in der Hand allein auf der Mittellinie des Basketball-Felds. Er sah aus wie der kleine Dicke, den niemand in seiner Mannschaft haben wollte. Es hallte, man konnte ihn nur schwer verstehen. „Guten Morgen, mein Name ist Bill Babbitt, mein Bruder wurde vor fünf Jahren exekutiert, und ich habe ihn der Polizei ausgeliefert …" Da war es plötzlich still auf den Bänken.

Die Geschichte der Gebrüder Babbitt begann auf der anderen Seite des Landes in einer Slum-Siedlung kapverdischer Immigranten in Wareham, Massachusetts. Die Familie Babbitt – Vater, Mutter und sechs Kinder – lebten vom Krebsfang, einem monatlichen Scheck, den das Sozialamt im Lebensmittelladen hinterlegte, und dem Geld, das sie zusammen mit dem

Vater als Erntepflücker verdienten, abzüglich seiner wöchentlichen Kneipenrechnung. Bill Babbitt, sieben Jahre älter als Manny, wählte den erstbesten Ausweg: Er verpflichtete sich mit 17 Jahren beim Militär. Die Armee kümmerte sich um schwarze Einwanderersöhne wie ihn und reichte nach, was ihm bis dahin verwehrt geblieben war: einen Schulabschluss, eine saubere Unterkunft, Reisen um die Welt in der Uniform einer Supermacht. Bill Babbitt war zur Navy gegangen, lernte Istanbul kennen, ankerte als „Kalter-Kriegs-Matrose" vor Kuba und wurde zum Fähnrich befördert. Das war ein rasanter Aufstieg für den Sohn eines kapverdischen Landarbeiters. Nach vier Jahren in der Armee ließ er sich das Zeugnis der ehrenhaften Entlassung ausstellen. Sie war ihm der Beweis, endgültig in dieses Land aufgenommen worden zu sein, endgültig das Recht eines jeden guten Amerikaners erworben zu haben, seine Vergangenheit abzustreifen und irgendwo neu anzufangen. Bill zog auf der Suche nach dem guten Leben nach Kalifornien – mitten hinein ins Utopia der Hippie-Bewegung.

Das war 1967. Da war Manny, ebenfalls mit 17, gerade ins Rekrutierungsbüro marschiert. Er wollte wie sein großer Bruder heraus aus einer Welt, die ihm bestenfalls einen Platz am Fließband der örtlichen Schuhfabrik bot. Ein Offizier füllte den Eingangstest aus, weil der Junge kaum lesen und schreiben konnte. Manny absolvierte die Grundausbildung mit Bravour. Aus einem Analphabeten wurde ein Gefreiter des US Marine Corps. „The few, the proud" lautete deren Motto, „Semper Fi" ihr Schwur. „Die Wenigen, die Stolzen – In ewiger Treue". Manny, im Kopf immer etwas langsamer als seine Geschwister, war plötzlich der Held der Familie.

„Manny ging nach Vietnam", sagte Bill Babbitt ins Mikrofon, und in seiner Stimme lag die typische Ehrfurcht eines Mannes, der nicht in Vietnam gekämpft hatte. Über 30 Jahre nach diesem Krieg war das Wort nicht mehr mit Scham belegt, sondern mit einer schuldbewussten Ehrerbietung für eine Generation von Soldaten, die mehr als alle anderen ertragen musste: Erst wurden sie in einen schmutzigen Krieg geschickt und dann zu Hause als „Babykiller“ beschimpft. „Ich gebe der Armee nicht die Schuld, versteht ihr?“ Babbitt hielt das Mikrofon jetzt zu nah. Der schrille Ton einer Rückkoppelung pfiff durch die Halle. Ein paar Schüler auf den hinteren Bänken begannen zu tuscheln. Der Mann machte es ihnen nicht leicht, bei der Sache zu bleiben.

Anfang 1968 hatte Bill Babbitt seinen jüngeren Bruder aus den Augen verloren. Bill rauchte Joints in den Cafés der Westküste, demonstrierte gegen den Krieg, rief: „Make love, not war!“ Ein paar Mal ballte er bei Versammlungen der „Black Panther“ die Faust, aber nie richtig fest. „Black Power“ oder gar ein Aufstand gegen die Weißen waren nicht seine Sache. Er fühlte sich wohl bei den Blumenkindern, die von sich glaubten, sie seien farbenblind.

Ein paar tausend Kilometer entfernt in Khe Sanh wickelte sich der Gefreite Manuel Babbitt nachts in Tarnnetze, damit ihn die Ratten nicht bissen. Tagsüber sammelte er auf „Body count patrol“ die Leichen und Gliedmaßen gefallener Kameraden ein oder feuerte von seinem Panzerfahrzeug „Bienenkörbe“ in die feindlichen Linien. So nannte man Granaten, die mit tausenden kleiner Stahlpfeile gefüllt waren. Wenn er getroffen hatte, sah er Fleischfetzen durch die Luft fliegen.

Die Schlacht um Khe Sanh dauerte 77 Tage. Über 15 000 Vietnamesen und 900 Marines starben. Manny Babbitt überlebte mit einem Granatsplitter im Kopf und mehreren Tapferkeitsmedaillen an der Brust – er wurde noch im Dauerfeuer zum Obergefreiten befördert.

Ein Krieg kann auch die zerstören, die das Schlachtfeld überleben. Das weiß man seit langem. Was im amerikanischen Bürgerkrieg als „Soldatenherz“ diagnostiziert wurde, nannte man im Ersten Weltkrieg „shell shock“, im Zweiten „Kriegsneurose“: Albträume, Desorientierung, Herzrasen, Angstzustände. In Korea und Vietnam erlaubte die amerikanische Militärführung ihren Soldaten kürzere Einsatzzeiten und längere Urlaube. Die Zahl derer, die an der Front kollabierten, sank drastisch. Das Problem schien gelöst. Dann kehrten die ersten Veteranen aus Vietnam zurück, viele nicht älter als Mitte zwanzig, viele drogenabhängig, viele durchdrungen von der Angst vor einem allgegenwärtigen Feind und von den Bildern der Verheerung, die sie angerichtet hatten. Manny Babbitt bekam 1969 seine Entlassungspapiere, doch in seinem Kopf ging der Krieg weiter, von dem das Land nichts mehr hören wollte. Er stürzte langsam, aber unaufhaltsam ab, bis ihn elf Jahre später sein Bruder aufzufangen versuchte.

Als Bill im November 1980 Manny am Greyhound-Busbahnhof in Sacramento abholte, hatte er noch nie von „posttraumatischem Stress-Syndrom“ gehört. Manny war in einem psychiatrischen Krankenhaus an der Ostküste wegen „paranoider Schizophrenie“ behandelt worden. Auch darunter konnte sich Bill nichts vorstellen. Er wusste nur, dass Manny aus Angst vor Angriffen nachts seine Kinder aus den Betten riss, Autoscheinwerfer für anfliegende Hubschrauber hielt und Ferienhäuser für vietnamesische Hütten, die man plündern durfte. War Manny mal nicht im Gefängnis oder in der Psychiatrie, lief er in Wareham in seinem verdreckten Kampfanzug durch die Straßen – betrunken oder auf LSD oder beides, in den Händen plattgedrückte Bierdosen, mit denen er klapperte, als wären es Kastagnetten. Seine Frau hatte irgendwann mit den Kindern die Flucht ergriffen.

Es war bei den Babbitts immer schon Gesetz, dass Zuflucht fand, wer nicht auf eigenen Beinen stehen konnte. Manny, so beschloss die Familie, sollte zu Bill an die Westküste ziehen, nach Kalifornien, wo der Himmel höher hing und man seine Vergangenheit so leicht abstreifen konnte. In Sacramento hatte Bill für sich die Ordnung einer bürgerlichen Existenz entdeckt. Er hatte Linda geheiratet, eine selbstbewusste Frau, die nicht kiffte, sondern in die Kirche ging. Er hatte einen guten Job bei der „Southern Pacific Railroad" gefunden und seine Schwester und Mutter von Massachusetts in den Westen geholt. Er war jetzt der älteste Mann im Babbitt-Klan, er übernahm Verantwortung. Es zog ihn wieder zu Gott – nicht zur katholischen Kirche, die er als Kind in Wareham besucht hatte, sondern zur „Calvary Christian Church", einer protestantischen Erweckungskirche, wo die Menschen auch ohne Alkohol und Marihuana in Trance gerieten. Den Pastor kannte er noch von den Versammlungen der „Black Panther".

Er würde Manny einen Job besorgen, Linda würde ihn mit anständigen, fürsorglichen Frauen bekannt machen. Sie würden ihn langsam aus dem Krieg in die Gegenwart holen, bis Manny selbst wieder in die Zukunft sah.

Den Abend seiner Ankunft feierten sie in einer Kneipe. Nach dem dritten Bier sprang Manny auf den Tisch, ließ sich in den Schneidersitz fallen und begann zu summen wie ein buddhistischer Mönch. Am nächsten Tag schnappte er sich ein Fahrrad, klemmte Bierdosen in die Speichen und fuhr klappernd und glücklich wie ein kleiner Junge ums Haus. Er trug nichts anderes als seinen Kampfanzug. Bill musste ihn zwingen, sich zu waschen. Jedes Bewerbungsgespräch endete damit, dass sich der potenzielle Arbeitgeber in seinen Stuhl duckte, während Manny wild gestikulierend von „fliegenden roten Fleischfetzen" erzählte. Bill beschloss, seinen Bruder nach Weihnachten zum Amt für Veteranen zu bringen, „damit die sich um ihn kümmern, weil ich das allein nicht schaffte". Anfang Dezember ließ sich Bill in der „Calvary Christian Church" taufen. Alkohol und die abendlichen Kneipenbesuche mit Manny waren von nun an gestrichen. Deshalb zog Manny in der Nacht des 18. Dezember alleine los.

An diesem Punkt verlor Bill Babbitt meist die Kontrolle über seine Geschichte und stürzte in ein Labyrinth von Sätzen, die mit „Hätte ich ..." begannen. Er hielt sich mitten in der Turnhalle der John F. Kennedy-Highschool mit den Augen an zwei, drei Gesichtern fest, während die schlimmsten Momente in seiner Erinnerung auf ihn einprasselten – die Momente, in denen er das Schlimmste hätte verhindern müssen. Die Schüler waren unruhig geworden, wollten dem unausweichlich bösen Ende dieser Geschichte mit Fragen begegnen.

Nie hätte er Manny abends alleine gehen lassen dürfen. Er hätte an jenem Morgen des 21. Dezember 1980 auf dem Polizeirevier einen Anwalt hinzuziehen müssen. Er hätte sich sofort Geld für einen guten Psychiater leihen müssen. Stattdessen verbarrikadierte Bill Babbitt die Tür zu seinem Haus, weil er Angst hatte, sein Manny würde Amok laufen. Dann ging er zur Polizei. Es goss in Strömen, daran konnte er sich gut erinnern. Es wollte den ganzen Tag nicht hell werden.

Das Protokoll der Mordkommission von Sacramento, aufgenommen am 21. Dezember 1980 von Detective Terry Brown, beschrieb einen emotional aufgelösten Zeugen, der angab, im Schrank seines Bruders Rollen mit Kleingeld, zwei Uhren und ein Feuerzeug mit den Initialen LS gefunden zu haben. Sein Bruder sei am Morgen des 19. Dezember mit einem blutigen Lappen in der Hand nach Hause gekommen.

Der Zeuge sagte weiter aus, er habe in der Zeitung von einem unbekannten Täter gelesen, der in der Nacht des 18. Dezember die 78-jährige Leah Schendel zu Tode geprügelt und mehrere Rollen mit Münzen, zwei Uhren und ein Feuerzeug mit ihren Initialen entwendet hatte. Der Zeuge bat unter Tränen, bei der Festnahme seines Bruders keine Gewalt anzuwenden. Sein Bruder sei Vietnam-Veteran und brauche dringend psychiatrische Hilfe.

An diesem 21. Dezember führte Bill Babbitt die Polizei zum Haus seiner Schwester, wo Manny mit deren Kindern spielte. Bill ging allein hinein und sagte: „Komm Kleiner, wir gehen eine Runde Billard spielen. Ich werd' dir ordentlich einheizen." Manny lachte, griff seine Jacke, folgte ihm auf die Straße und wurde in Handschellen gelegt. Bill stammelte: „Manny, es kommt alles in Ordnung, es wird alles gut."

Irgendjemand hatte den Ton des Mikrofons ausgesteuert. Er war jetzt wieder gut zu verstehen. „Stellt euch vor, ihr müsst zusehen, wie euer eigener Bruder von fünf Polizisten mit gezogener Waffe verhaftet wird." Die Schüler stellten sich in diesem Moment genau das vor, und ihre Gesichter verrieten ihre Verwirrung. Sollten sie sich mit diesem kleinen dicken Mann identifizieren? Oder mit dessen Bruder? War dieser kleine Mann auf dem Basketballfeld ein Verräter? Ein tragischer Held? Oder gab es zwischen diesen beiden Kategorien noch etwas anderes?

Manny Babbitt hatte bis zu seinem Tod beteuert, keinerlei Erinnerung an die Tatnacht zu haben, in der er – eine Flasche Brandy, LSD und PCP im Blut – die Haustür Leah Schendels eintrat, mit dem ersten Fausthieb das Gebiss der 1,55 Meter kleinen Frau zertrümmerte, mit dem zweiten ihre Kopfhaut aufriss, dann noch zehn Mal auf sie einschlug. Über die bewusstlose Frau legte er eine Bettdecke, schnürte einen Gebetsriemen um ihren linken Knöchel, nahm mit seiner blutverschmierten Hand den Telefonhörer ab und verschwand schließlich mit Uhren, Kleingeld und Feuerzeug. Irgendwann in dieser Nacht starb Leah Schendel an Herzversagen – eine Folge der Schläge.

„Wenn Ihr sagt, dass ich es war, wird es stimmen“, erklärte Manny auf dem Polizeirevier. Das Verhör wurde auf Tonband aufgenommen. Man konnte Bill Babbitts Stimme hören, der seinen Bruder um Vergebung anflehte, weil er ihn in die Arme der Polizei gelockt hatte. „Ich wollte nicht, dass sie dir weh tun. Ich hab’ das für dich getan. Verzeih’ mir.“ Und Manny antwortete ganz ruhig. „Ich verzeih’ dir.“ Man hörte auch die Stimme von Detective Brown, der zu Manny sagte: „Ich versichere Ihnen, niemand will Sie in die Gaskammer schicken.“

Bill Babbitt ging an diesem Abend nach Hause mit dem Ruch des Verrats in den Kleidern und dem eisigen Gefühl, das Richtige getan zu haben. Er hatte überlegt, seinen Bruder in den nächsten Bus zurück an die Ostküste zu stecken. Aber dort hätte Manny womöglich wieder jemanden angegriffen. Leah Schendel war in jener Dezember-Nacht nicht das einzige Opfer gewesen. Manny hatte wenige Stunden später eine zweite Frau angegriffen und zu vergewaltigen versucht. Sie konnte entkommen.

Kurz darauf wurde gegen Manuel Pina Babbitt Anklage wegen Mordes erhoben. Die Polizisten, die Hilfe für seinen Bruder versprochen hatten, reagierten nicht mehr auf Bill Babbitts Telefonanrufe. Der Staatsanwalt war nicht zu sprechen. Bill und Linda nahmen eine Hypothek auf ihr Haus auf, leisteten 2500 Dollar Anzahlung an einen Rechtsanwalt, der kurz darauf das Mandat zurückgab und das Geld behielt. Das Gericht bestellte einen Pflichtverteidiger, der Bill freundlich erklärte, er wolle „keine Nigger als Geschworene, weil für die der Prozess zu komplex ist“. In der Jury saßen am Ende zwölf Weiße. Mannys Anwalt überbrückte die Verhandlungspausen mit Martinis und sollte ein paar Jahre später seine Anwaltslizenz verlieren. Die Staatsanwälte präsentierten den Angeklagten als einen von Drogen entfesselten, schwarzen Gewalttäter. Niemand brachte zur Sprache, dass Manny Babbitt im März 1968 mit einem Granatsplitter im Kopf und „totalem Gedächtnisverlust“ aus Khe Sanh auf ein Lazarettschiff gebracht und sieben Tage später wieder in die Schlacht geschickt worden war. Kein psychologischer Gutachter wurde bestellt, der die grausam-bizarre Szene am Tatort hätte erklären können: Der Angeklagte hatte in der Tatnacht wahrscheinlich ein „Flashback“ erlebt. Er hatte Autoscheinwerfer für Hubschrauber gehalten, feindliches Feuer gehört, in einer Hütte Schutz gesucht, deren schreiende Bewohnerin zusammengeschlagen. Er war wieder auf „Body count patrol“ gegangen: Leichen zudecken, mit einer Schnur am linken Knöchel markieren, per Feldtelefon den Helikopter rufen. Er hatte sich aus der Hütte ein paar Andenken gegriffen. „Souveniring“ nannte man das in Vietnam.

Als das Gericht am 14. Mai 1982 das Strafmaß aussprach, dauerte es ein paar Sekunden, bis Bill Babbitt die Worte begriff: „Wir, die Geschworenen, verhängen gegen den Angeklagten die Todesstrafe.“ Er vernahm die unterdrückten Jubelrufe von Leah Schendels Angehörigen. Er sah Manny, der wie in Zeitlupe aus einem Wasserglas trank. Bill Babbitts erster klarer Gedanke war: „Wie erkläre ich das unserer Mutter?“

„Mann, warum haben Sie nicht gleich diesen Rassisten von Anwalt gefeuert?“ Einem großen schwarzen Jungen in der ersten Reihe platzte der Kragen. Die John F. Kennedy High

School hatte eine ethnisch vielfältige Schülerschaft. Die weißen und asiatisch-stämmigen Kinder kamen aus den wohlhabenden Wohnvierteln in unmittelbarer Nähe der Schule, die Schwarzen aus den entfernteren ärmeren Siedlungen. Unter Letzteren war das Vertrauen in das Polizei- und Justizsystem weit geringer als unter Ersteren. „Ich konnte keinen Pflichtverteidiger feuern", antwortete Babbitt. „Außerdem wollte ich nicht den zornigen Schwarzen spielen. Das hilft überhaupt nichts." Der Junge schüttelte grimmig den Kopf.

Die amerikanische Justiz ließ sich siebzehn Jahre Zeit mit der Vollstreckung des Todesurteils. In diesen siebzehn Jahren – das erzählte Bill nicht den Schülern, sondern mir – hätte er seinen Bruder öfter im Todestrakt von San Quentin besuchen, sich mehr um ihn kümmern müssen. Manny hatte ihm den Bruderverrat nie vorgeworfen. Aber es war so unendlich schwer, ihm unter die Augen zu treten. Es war so unendlich viel leichter, daheim in Sacramento die Hoffnung zu nähren, seine eigene und vor allem die seiner Mutter Josephine. Neue, engagierte Verteidiger hatten Mannys Mandat ohne Bezahlung übernommen, darunter ein weißer Star-Anwalt namens Chuck Patterson, ein ehemaliger US-Marine, der selbst in Khe Sanh gekämpft hatte. Patterson sah es als seine Pflicht, einen Kameraden vor dem Tod zu bewahren. Auch nach dem Krieg. „Semper Fi".

Bills Kirchengemeinde betete für Manny. In Trance sahen einige eine „Armee Gottes" im Anmarsch, um Manny zu retten. Die Armee, so schien es, kam tatsächlich. Am 20. März 1998 betraten zwei Offiziere des US Marine Corps in Garde-Uniform den Besuchsraum des Gefängnisses von San Quentin, wo Manny Babbitt in Fuß- und Handketten wartete. Die beiden salutierten, Manny versuchte das Gleiche in Handschellen, dann steckten sie ihm das „Purple Heart" an den

Drillich, den Orden für im Krieg erlittene Verwundungen. Vier Veteranen aus Mannys Einheit standen stramm, im Hintergrund sahen die Wärter, seine Mutter und Bill zu. An diesem Tag war sich Bill Babbitt absolut sicher, dass der Staat keinen Mann exekutieren würde, dem er zuvor einen Orden verliehen hatte.

Die Familie von Leah Schendel war außer sich über die Zeremonie in San Quentin und kontaktierte das Büro der kalifornischen Senatorin Dianne Feinstein. Wenige Monate später verabschiedete der amerikanische Kongress auf Initiative Feinsteins ein Gesetz, dass militärische Auszeichnungen für rechtskräftig verurteilte Gewalttäter untersagte.

Mannys Hinrichtungstermin wurde für den 4. Mai 1999 angesetzt. Alle Berufungs- und Revisionsanträge waren abgewiesen worden. Chuck Patterson hatte einen Gnadenantrag an den kalifornischen Gouverneur Gray Davis, einen Demokraten, eingereicht. Davis war selbst in Vietnam stationiert gewesen, aber nie an die Front gekommen. Er galt als farblos und opportunistisch – als jemand, der auf die Meinungsumfragen sah, bevor er eine Entscheidung traf. Bill Babbitt begab sich auf einen Marathon durch Radio-Talkshows, Protestkundgebungen vor dem Kapitol, Mahnwachen, Zeitungsinterviews. Immer mehr Reporter riefen an, die Demonstrationen für Manny wurden größer, prominente Vietnam-Veteranen appellierten an Davis, Gnade walten zu lassen. „60 Minutes“, das renommierte Politikmagazin des Fernsehsender CBS, bekundete Interesse. Dann flimmerte am Vormittag des 20. April 1999 plötzlich der Ortsname „Littleton, Colorado“ auf den Fernsehschirmen der Nation. Zwei Jugendliche hatte an der Columbine High School zwölf ihrer Mitschüler, einen Lehrer und dann sich selbst erschossen. „Tut uns leid, Mister Babbitt“, sagten die Produzenten bei CBS. „Columbine ist jetzt die Story.“

In der Nacht zum 4. Mai 1999 war in San Quentin ein scharfer Wind aufgezogen. Die Demonstranten drängten sich in kleinen Grüppchen zusammen, Josephine, die Mutter, wurde in eine Wolldecke eingewickelt. Mehrere hundert Veteranen hatten sich vor dem Tor des Gefängnisses versammelt, mit ihnen die übliche Gemeinde der Unbeirrbaren im Kampf gegen die Todesstrafe: Mitglieder von amnesty international, Nonnen, Priester, Quäker. Gray Davis hatte am 30. April das Gnadengesuch des Häftlings Babbitt abgelehnt. „Unzählige Menschen haben die Brutalität des Krieges und anderer Katastrophen durchlitten", hieß es in der schriftlichen Begründung. „Aber solche Erfahrungen entschuldigen nicht brutale Attacken auf wehrlose, gesetzestreue Bürger."

Am 3. Mai, seinem 50. Geburtstag, gab Manny Babbitt über Telefon dem „San Francisco Chronicle" ein letztes Interview. „Ich bin nicht bitter. Ich habe keine Angst. Ich habe meinen Frieden gefunden und ich hoffe, diejenigen, die mein Leben wollen, finden ihn auch. Gott schütze sie. Semper Fi."

Manny wollte von seiner Familie nur Bill als Zeugen seines Todes. Das erschien wie die schlimmste Strafe für den Mann, der ihn an die Polizei ausgeliefert hatte. Aber Manny wünschte sich einfach eine verwandte Seele zwischen den Angehörigen von Leah Schendel, die sich von seiner Exekution ein Ende ihres Horrors erhofften, und den Reportern, die seine letzten Worte und Zuckungen protokollieren würden. Wen sonst sollte er bitten als seinen großen Bruder, mit dem er als Kind Muscheln geknackt hatte, der große Bruder, der ihm in die Armee vorausgegangen war, der ihn immer vor dem Schlimmsten hatte bewahren wollen? Also ging Bill Babbitt kurz vor Mitternacht durch das Spalier der Vollzugsbeamten, vor ihm Laura Thompson, Leah Schendels Enkelin, die ihm in den letzten Wochen wie ein Schatten zu jeder Demonstration, jeder Mahnwache und Talkshow gefolgt war, um Mannys Tod zu fordern. „Bill, das geht nicht gegen Sie persönlich“, hatte sie ihm einmal zugerufen. Die Beamten standen breitbeinig mit vorgestreckter Brust und hinter dem Rücken verschränkten Händen, die Augen ins Nichts gerichtet.

Bill Babbitt wollte Mitgefühl in ihrem Blick gesehen haben. Wahrscheinlich stimmte das. Manny Babbitt war beliebt bei Insassen und Wärtern, ein Kriegsheld, bei dem ein paar Schrauben locker waren; ein freundlicher Bär, der im Gefängnis seine Medikamente einnahm und kein einziges Mal auffällig wurde. „Helfen Sie ihm“, hatte ein Schließer einmal zu Mannys Anwälten gesagt. „Der Kerl gehört nicht hierher.“ Bill Babbitt ging in dieser Nacht durch das Spalier und tat etwas, was einem vorkommen musste wie ein bizarrer Akt der Unterwerfung. Er blickte jedem Wärter ins Gesicht und flüsterte „Thank you“. Manny hätte das so gewollt, sagte er.

Der „San Francisco Chronicle“ berichtete am nächsten Morgen, dass sich die Zeugin Laura Thompson um 0 Uhr 32, fünf Minuten nach Beginn der Hinrichtung, entsetzt abgewandt habe. Der Bruder des Delinquenten sei „emotionslos“ gewesen. Um 0 Uhr 37 wurde Manny Babbitt für tot erklärt.

An diesem Punkt seiner Geschichte tauchte Bill Babbitt aus seinen Erinnerungen auf wie jemand, der kurz von einem Strudel erfasst worden war. Die Staatskundelehrerin lächelte zufrieden. Ihre Zwölftklässler hatten durchgehalten, waren erstaunlich ruhig geblieben. Aber jetzt schossen sie ihre Fragen wie einen Schwall von Pfeilen gegen Bill:

„Warum haben Sie Manny nicht gleich in eine Klinik gesteckt, als er zu Ihnen kam?“

„Warum haben Sie den Polizisten geglaubt, dass man ihn nicht zum Tode verurteilen würde?“

„Warum haben Sie keinen Psychiater für den Prozess bestellt?“

Warum, warum, warum …

Er ließ die Fragen auf sich herabprasseln wie ein Büßer die Schläge. Er hatte auf alle eine Antwort, aber die Antworten entblößten mehr seine Hilflosigkeit, als dass sie ihn schützten: Weil er nicht wusste, dass sein Bruder anderen gefährlich werden könnte; weil die Polizisten freundlich und vertrauenswürdig wirkten; weil er kein Geld hatte für eigene Sachverständige.

Die Schulglocke läutete die nächste Stunde ein. Die meisten Schüler strömten eilig aus der Turnhalle, viele sichtlich berührt von der Last, die dieser Mann mit sich herumtrug. Ein paar kamen nach vorne, dankten ihm für sein Kommen, wünschten ihm viel Glück. Das war die Belohnung, die kleine Erlösung. Ich half ihm, die Bilder und Stellwände einzupacken. Er schlurfte, schien kaum die hundert Meter zum Auto zu schaffen. „Ich werd' krank“, murmelte er. „Grippe.“

„Vielleicht liegt's daran, dass der Mai bald anfängt“, sagte ich.

„Wahrscheinlich haben Sie Recht.“

Eine Zeitlang wäre Bill Babbitt seinem Bruder gern gefolgt. Selbstmord schien ein politisches Signal: ‚Seht her, was Ihr den Familien antut‘. Selbstmord schien auch ein Ausweg aus seiner ganz privaten Hölle, aus dem Albtraum der Hinrichtungskammer und dem Begräbnis wenige Tage später. Die Veteranen hatten Geld gesammelt, um den Leichnam nach Wareham in Massachusetts zu überführen. Sie bestatteten Manny Babbitt mit militärischen Ehren, feuerten ihre Gewehre, falteten die amerikanische Fahne und übergaben sie Josephine. Es war ein wunderschöner Tag im Mai, die Apfelbäume blühten. Die Mutter zerschnitt die Luft mit ihren Schreien, und Bill stammelte wie ein Ertrinkender: „Mama, bitte nicht. Nicht hier."

Er wusste bis heute nicht, ob ihm seine Mutter verziehen hatte, ob das, bei aller Liebe zu einem Sohn, überhaupt möglich war.

Mannys Kinder, inzwischen erwachsen, kamen ab und an zu Besuch. Sie waren warm und herzlich zu ihm, aber wie sollten sie aussprechen, was er hören wollte: ‚Onkel Bill, du hast das Richtige getan.'

Vielleicht hatte ihn am Ende außer seiner Frau, der unerschütterlichen Linda, wirklich das Reden gerettet, so selbstquälerisch es auch sein mochte. Er war letztes Jahr „auf Tournee" gegangen – zusammen mit Bud Welch, einem Tankstellenbesitzer aus Oklahoma, dessen Tochter Julie beim Bombenanschlag von Oklahoma City gestorben war. Bud Welch war in seinem Hass auf den Täter und seiner Trauer über seine Tochter ein Gegner der Todesstrafe geblieben. Zusammen traten sie in Kirchen, Hörsälen und Veteranenlokalen auf und sprachen über Julie und Manny. Welch konnte weitaus besser erzählen, aber er hatte auch den leichteren Part. Zusammen mit Bud Welch wurde Bill Babbitt vor kurzem in den Vorstand einer Organisation von Todesstrafengegnern gewählt, die Angehörige durch einen Mord verloren hatten. Es war eine sehr kleine Gruppe, und Bill Babbitt passte, streng genommen, nicht hinein. Auf dem Totenschein seines Bruder stand nicht Mord, sondern „gerechtfertigter Totschlag". Irgendwann, wenn „ich besser beisammen bin", wollte er seine eigene Gruppe gründen: die erste Vereinigung für Angehörige von Todestraktinsassen und Hingerichteten. Er kannte bloß noch keine, die sich trauten, an die Öffentlichkeit zu gehen.

Vielleicht hatte ihn auch Billy Junior gerettet, der Sohn seiner Schwester, den er, der keine Kinder hatte, wie seinen eigenen behandelte. Billy Junior war in diesen Jahren des Alptraums zu einem prächtigen jungen Mann herangewachsen. Er hatte stellvertretend für die Familie in diesem Land noch einmal neu angefangen, als wäre nichts gewesen. Billy Junior ging nach der Schule zu den US Marines. In der Gardeuniform des Corps sah er so unverwundbar aus wie damals Manny. Er wurde im Kosovo eingesetzt. Das war kein schmachvoller, sondern ein guter Krieg, geführt von Soldaten mit einer „kugelsicheren Psyche". So hieß das jetzt im Jargon der Militärpsychologen. Billy Junior wurde ehrenhaft aus der Armee entlassen und fand in der zivilen Welt einen guten Job. Er wurde Gefängniswärter in San Quentin. Bill Babbitt hatte geschluckt, als er hörte, dass Billy Junior zum Dienst im Todestrakt eingeteilt worden war. Der Neffe wollte den Segen seines Onkels, bevor er die erste Schicht antrat. Er bekam ihn. „Ich bin stolz auf dich", hatte Bill gesagt.

Keiner konnte jetzt noch behaupten, dass seine Familie sich nicht um Aussöhnung mit diesem Land bemühte, dessen Fahne vor seiner Haustür wehte. Nur das Land hatte sich immer noch nicht entschuldigt.

„Ich werde Schwarzenegger schreiben und ihn um einen Termin bitten", sagte Babbitt. Er, der ein überzeugter Anhänger der Demokraten war, hatte Schwarzenegger gewählt, um sich an Gray Davis zu rächen. So viel Wut gestand er sich zu. „Schwarzenegger ist für die Todesstrafe", wandte ich ein.

„Ich war auch mal für die Todesstrafe", antwortete Babbitt.

10. Von Sacramento nach Fargo – oder: Laramies Heldinnen

Reno tauchte aus der Dunkelheit auf wie eine Weihnachtsbescherung. Ich wollte aus dem zersiedelten Kalifornien in die große Leere nach North Dakota. Vor mir lagen 3000 Kilometer und die amerikanische Freiheit, endlos zu fahren. Sie begann in Reno mit einem Anschlag auf alle Sinne.

Links und rechts strahlte ein Spalier taghell erleuchteter Autogeschäfte. Nissan, Toyota, Chevrolet, Ford – blitzender Chrom, rot-weiß-blaue Girlanden und Hinweise auf Sonderangebote, die man aus hundert Meter Entfernung lesen konnte. Dahinter blinkte die Innenstadt in allen Neonfarben. Die Stadtverwaltung grüßte mit ihrer eigenen Leuchtreklame: „Welcome To The Biggest Little City" – das beflissene Eingeständnis, dass Reno die kleinere Version von Las Vegas war. Lichterkaskaden kündigten die Kasinos an: „Century", „Sand's", „Harrah's", „Fitzgerald", „Golden Phoenix". Pfandleiher und Hochzeitskapellen hatten sich mit „Se Habla Español"-Schildern auf die neue hispanische Kundschaft eingestellt. Nachtclubs, Kneipen mit Budweiser-Werbung in verdunkelten Fenstern und beleibten Herren mit grauen Pferdeschwänzen und Harley-Davidson-T-Shirts auf den Barhockern. Viel wilder wurde es nicht.

Seit immer mehr Indianerreservationen und finanzschwache Bundesstaaten das wirtschaftliche Heil im Glücksspiel suchten, hatte der Bundesstaat Nevada seinen Glanz als nationales Sündenbabel eingebüßt. Man konnte hier immer noch schneller heiraten und sich schneller scheiden lassen als anderswo. Man konnte sich in einer Nacht in den Ruin pokern und dabei zwei Schachteln Marlboro leeren – denn die Kreuzzügler gegen das Rauchen waren bislang nicht in die Kasinos vorgedrungen.

Aber hinter den Kulissen des Lasters führte längst der Pauschaltourismus Regie. Reisebusse parkten in den Seitenstraßen und spuckten ihre Ladung für das Wochenende aus. Selbst der Krüppel an der Straßenecke, der eine Bibel im DVD-Format gen Himmel hielt und „You need Jesus" schrie, wirkte wie ein Komparse in einem Freizeitpark. Im „Fitzgerald" blinkten auf drei Etagen hunderte von Spielautomaten. Das arktische Gebläse der Klimaanlage kämpfte gegen die Hitze der Maschinen. In meinen Ohren verrührten sich Lionel Ritchie-Schnulzen mit dem Kasino-Sound: Einige Spielautomaten klangen, als wären Autofahrer auf der Hupe eingeschlafen, andere hörten sich an, als würden Kleinkinder eine Hammondorgel malträtieren. Einzig die Menschen hörte man so gut wie nicht. Hier wurde kaum geredet und schon gar nicht gelacht.

Die Menschen im „Fitzgerald" ließen sich in vier Gruppen einteilen: die Croupiers in ihren Westen und Fliegen, Männer und Frauen um die vierzig – oft ehemalige Versicherungsvertreter, Bankangestellte und Sekretärinnen, die nach der jüngsten Entlassungswelle neue Jobs in Nevada gefunden hatten; die Kundenbetreuer und Automatenwärter, die meist von den Philippinen stammten und laut Namensschild „Sunny", „Chip" oder „Randy" hießen; die Kellnerinnen in Spandex-Hosen und Fracks mit tiefem Ausschnitt, die mit herben Gesichtern Drinks servierten – Bier und Scotch für die Männer, Bailey's für die Frauen. Gemessen an den Niedriglöhnen der Dienstleistungsindustrie verdienten sie alle gut: fünfzehn, zwanzig Dollar die Stunde. Anderer Leute Glückspiel bot ihnen bis auf Weiteres ein solides Einkommen, oft sogar eine Krankenversicherung. Seit die amerikanische Ökonomie mit ihren manischen Boomphasen und Abstürzen immer mehr einem Kasino glich, boomte der Tourismus in Reno und Las Vegas.

Die vierte Gruppe waren wir, die Gäste. Alt wie Jung zwanglos gekleidet in Tennisschuhen, Jogginghosen, Shorts, T-Shirts, die nicht um überquellende Hüften und Bäuche spannten. Cliquen von angetrunkenen 20-jährigen; Ehepaare, die schweigend ihre Münzeimer umklammerten und bei Eistee und Hamburger pausierten. Familien, die der Großmutter zum 70. Geburtstag ein Kurz-Wochenende in Reno geschenkt hatten: Blackjack, Poker, Roulette plus Übernachtung und Gratis-T-Shirt. Dazu für 16,99 Dollar das „Super-Joker-Dinner“: Steak, Hummer, Backkartoffeln und eine Pepsi „extra large“, aber bitte „diet“.

Ich wollte schnellstens raus aus diesem klingelnden Lichterterror – aber nicht, ohne vorher einmal gespielt zu haben. Und siehe da: Kaum hatte ich die ersten zehn Dollar verloren, schloss ich Freundschaft mit meinem einarmigen Banditen. Der Lärm störte nicht mehr, wenn man ihn selbst mitproduzierte. Die Croupiers wirkten auf einmal verhalten elegant und die schlecht blondierten Kellnerinnen wie Charaktere aus einem Dashiell Hammett-Krimi. Ich fiel in den stoischen Rhythmus meiner Nachbarinnen, zwei pergamenthäutigen Damen mit rosafarbenen Söckchen und schneeweißen Tennisschuhen, die mit der linken Hand auf die Taste für den Einsatz patschten, mit der rechten den Hebel zogen. Patschen, ziehen. Patschen, ziehen. Nach zehn Minuten hatte sich mein Einsatz verdreifacht, drei Minuten später schien fast alles verloren, zwei Minuten später rollte wieder dreimal die Sieben ins Fenster. Ich drückte auf die Cash-Taste, genoss das sturzbachartige Rauschen des Geldes und schaufelte 98 Fünf-Cent Münzen aus dem Schlitz. Nach nicht einmal einer Stunde in Reno fand ich mich in einer Schlange erwachsener Menschen wieder, die mit dem konzentriert-abwesenden Ausdruck Muscheln sammelnder Kinder ihre vollen Eimerchen zum Kassenfenster trugen. Der Kassierer wechselte meinen Münzhaufen in vier Dollarscheine und neun Zehn-Cent Münzen. Mit dieser Beute fuhr ich am nächsten Tag weiter.

Hinter Reno öffnete sich eine mondgleiche Einöde. Die Autobahn rollte gleichmäßig unter den Rädern weg, aber ich war mir nicht sicher, ob ich mich wirklich fortbewegte. Alle hundert Kilometer unterbrachen Warnschilder die Monotonie der Felsen und Sträucher. „Achtung! Strafvollzugsanstalt! Keine Tramper mitnehmen!“ Rechts duckte sich ein von Stacheldraht umzäunter sandbrauner Bunker gegen einen Hügel. „Autofahrer! Melden Sie der Polizei, wenn von der Straße geschossen wird!“ Drive-by-Jagd auf Rehe, die sich an den Highway verirrten, war sogar in Nevada verboten.

Am Horizont tauchten Konturen einer Ansiedlung auf. Battle Mountain, eine alte Goldgräberstadt.

Ich zählte auf der Hauptstraße zwei Tankstellen, einen Eisenwarenladen, den „Tee Pee“-Waschsalon. Am Ortseingang grüßte die Zivilgesellschaft von Battle Mountain in Gestalt dreier Kirchen der fundamentalistischen Sorte und einem Verein von Motorrad-Fahrern, die für die Freiheit und gegen die Helmpflicht kämpften. Dazu windschiefe Häuser oder Wohnwagen und Kasino-Motels in der untersten Preisklasse. Battle Mountain war die perfekte Kulisse für den nächsten Film von Michael Moore über das wild gewordene Amerika – und seine europäischen Wurzeln. An der staubigen Hauptstraße zeigte ein verblichenes Poster einen Stierkampf. Die ersten Einwanderer waren aus dem Baskenland gekommen.

Die Washington Post hatte das Nest vor einigen Jahren „The armpit of America“ getauft, „die Achselhöhle Amerikas“. Seither feierten die Einwohner, 2800 an der Zahl, jedes Jahr mit Stolz ein „Achselhöhlen-Festival“. Eine Beleidigung aus der Feder eines Ostküsten-Journalisten galt hier als Kompliment, bewies sie doch einmal mehr, dass westlich der Rocky Mountains wahre Amerikaner (baskischer Herkunft) lebten, die ihr Steak noch selbst schossen, Dosen-Bier tranken und Monster-Trucks fuhren, während die weichgespülten Mitbürger östlich der Berge Rucola knabberten, Caffè Latte schlürften und im Fitness-Center radelten.

Jackpot hieß die letzte Stadt vor der Grenze zu Idaho, dahinter war es mit der Kasino-Herrlichkeit fürs Erste vorbei. Idaho hatte andere Sitten und Gesetze. Und eine andere Landschaft.

Der Snake River, der sich wie ein Hufeisen durch den Bundesstaat zog, bewässerte den Süden Idahos. Ich folgte dem Fluss entlang der Route 30. Ein paar hundert Kilometer entfernt glitzerten die Schneekappen der Rocky Mountains. Vorgerückte Bergketten rahmten grüne Ebenen, die jäh an Schluchten endeten. Weiter nördlich, im Hell's Canyon, hatte sich das Wasser in Jahrtausenden mehr als 2000 Meter tief in die Felsen – und damit in den tiefsten Canyon Nordamerikas gegraben. Hier im Süden Idahos ragten die Wände nur 100 Meter empor. Aber selbst deren Anblick flößte Respekt ein.

Ich liebte diese Landschaft, sie ließ mich still werden – ähnlich wie die rot-verbrannten Steinwüsten und Hochebenen im Südwesten. Am Horizont verschluckte der Himmel die Straße, die sich in sanften Wellen und Kurven durch fruchtbares Acker- und Weideland schlängelte. Die schiere Weite machte jedes Tal zu einer eigenen Welt, und jeder Bergkamm versprach eine neue.

Nach kaum hundert Kilometern auf der Route 30 war ich vom amerikanischen Überschwang erfasst, dieses Land für das Großartigste unter der Sonne zu halten. Das passierte mir nicht zum ersten Mal, und spätestens in Indiana oder Ohio würde sich die Euphorie abkühlen. Aber an diesem Frühlingstag fuhr ich wie berauscht durch den Westen und pries jene Kongressabgeordneten und Präsidenten, die vor Jahrzehnten in unendlicher Weisheit die schönsten Landschaften zu Schutzgebieten und damit für unberührbar erklärt hatten: die Geysire im Yellowstone, das Grand Teton-Gebirge, die Medicine Bow-Berge.

Da hieß der Staat schon nicht mehr Idaho, sondern Wyoming. Tausend Kilometer hinter Sacramento war mir das Gefühl für Zeit und Raum entglitten. „Wo sind Sie denn heute losgefahren", fragten Tankwärter oder Kellnerinnen, und ich konnte nur noch vage mit dem Finger in die Richtung zeigen. In meinem Kopf hatte sich eine irritierende Leichtigkeit breit gemacht. Ich beschloss, für zwei Tage festen Boden unter den Füssen zu behalten, und quartierte mich in einem Motel in Laramie ein. Laramie, Wyoming – das klang verheißungsvoll nach schwingenden Saloon-Türen und Pferdehufen.

Die Frauen vom „Laramie Prairie Museum" fanden das nicht. Sie sahen ihre Stadt nicht als Cowboy-Stadt, sondern als Wiege des Frauenwahlrechts.

Auf Anhieb erkannte ich keine feministischen Spuren in der Stadt. In der „Buckhorn-Bar" fiel der erste Gast um neun Uhr abends besoffen vom Stuhl. Seine tapferen Saufkumpane hielten abwechselnd Bierflasche und Billardstock in der Hand oder kratzten sich gedankenverloren zwischen den Beinen. Die Frauen taten, was Frauen in solchen Bars tun: Sie rauchten, kicherten und sahen den Männern zu. Die glasigen Augen eines ausgestopften Elchkopfs starrten blöde auf die

Theke. Von der Decke baumelte ein solide wirkender Galgenstrick.

Abgesehen vom Treiben in der Bar bot Laramie das Bild einer kleinen Universitätsstadt mit vielen Buchläden und wenigen Fast-Food-Restaurants. In den Cafés schimpften Zwanzigjährige ebenso wie Sechzigjährige bei doppeltem Espresso und Jimi-Hendrix-Musik über den Irak-Krieg und die „Halunken in Washington".

Die Heldinnen der Frauenbewegung fand ich abseits der Hauptstraße im „Laramie Plains Museum", das in der fürstlichen Villa des ersten großen Bankiers und Mäzens der Stadt untergebracht war. Auf grobkörnigen Schwarz-Weiß-Fotos blickten mich die ersten weiblichen Geschworenen der amerikanischen Justiz mit strengen Gesichtern an. Miss Eliza Stewart, Mrs. Amelia Hatcher und Mrs. Agnes Baker hatten im März 1870 „in Fällen von Mord und Pferdediebstahl unnachgiebig Gerechtigkeit walten lassen", stand unter dem Bild, worauf ich wieder den Strick in der „Buckhorn Bar" vor Augen hatte.

Die berühmteste Tochter der Stadt hieß Louisa Gardner Swain. „Grandma" Swain gab am 6. September 1870 als erste Amerikanerin bei einer Wahl ihre Stimme ab – zumindest wurde ihr Urnengang als erster dokumentiert.

Fest stand jedenfalls, dass die Männer Wyomings 1869 – 51 Jahre vor der Aufnahme des Frauenwahlrechts in die amerikanische Verfassung – mit einem Trinkspruch formvollendeter Kavaliere, die sie nicht waren, ihren Frauen die politische Mündigkeit gewährt hatten: „Lovely Ladies, einst sahen wir zu euch auf, jetzt seid ihr uns gleichgestellt."

Die Motive der Gentlemen waren pragmatischer Art. Wyoming brauchte dringend „freie Bürger", um seinen Status als Territorium in den eines Bundesstaats umzuwandeln. Es brauchte vor allem Frauen, denn 1870 kam auf sechs Männer eine „lovely lady" – und die arbeitete meist im ältesten Gewerbe der Welt.

Die Neuankömmlinge aus dem Osten erwartete keine Cowboy-Romantik vom freien Leben auf der eigenen Ranch, sondern eine raue Welt, in der Viehbarone, Eisenbahngesellschaften und Bergwerksbesitzer Arbeit und Löhne diktierten und chinesische Immigranten jederzeit als Streikbrecher eingesetzt wurden. Letztere zogen schließlich den Kürzeren, als die Einwanderer aus Deutschland, Polen, Italien und Irland in einer Nacht des Jahres 1885 den Einwanderern aus China die Quartiere niederbrannten. Die Chinesen kehrten nach Hause zurück. Die amerikanische Regierung zahlte der chinesischen eine Entschädigung.

Und die Frauen? Sie schufteten wie die Männer auf den Ranches, demonstrierten gegen Bergwerksbosse und fluchten über die „Gelben". Außerdem zogen sie die Kinder groß und stellten das Essen auf den Tisch. Einige schafften den Sprung in die Politik. 1924 überraschte Wyoming wieder einmal den Rest des Landes – dieses Mal mit der ersten Gouverneurin der amerikanischen Geschichte. Nelly Tayloe Ross versprach ihren Bürgern die „wohlwollende Erwägung von Maßnahmen zum Schutze der Arbeiter, Schutz der Sparguthaben und Absage an Privilegien aller Art". Wiedergewählt wurde sie nicht, doch ein paar Jahre später war ihr Programm in Washington unter Franklin D. Roosevelt herrschende Politik. Achtzig Jahre später, im Jahr 2004, hätte sie sich mit solchen Wahlkampfparolen weit links von der Partei der Demokraten befunden.

Wyoming jedenfalls blieb stolz auf seine Pionierinnen und pflegte seither den offiziellen Spitznamen „Equality State" und das offizielle Motto „Equal Rights". Doch dann fiel – ausgerechnet in Laramie – ein böser Schatten auf den Ruf des „Bundesstaats der Gleichheit und der Gleichberechtigung".

1998 ermordeten zwei Männer den 22-jährigen Studenten Matthew Shepherd, der homosexuell war und daraus auch in Laramie kein Geheimnis machte. Die Art des Mordes – man hatte Shepherd an einen Weidezaun gefesselt mit zertrümmertem Gesicht und Schädel aufgefunden – weckte Erinnerungen an das Lynching. Für einige Wochen wurde Laramie zum nationalen Sinnbild der Homophobie. Fernsehteams kampierten in der Stadt, filmten Mahnwachen, Demonstrationen für Toleranz und den ehrlichen Schock vieler Bürger. Sie dokumentierten rustikale Dekorationen wie Galgenstricke über Kneipentheken und den trotzigen Unmut so mancher Biertrinker, die den „ganzen Zirkus" missbilligten – „nur weil der schwul war". Aber das änderte nichts daran, dass Louisa Gardner Swain bis auf Weiteres nicht mehr der berühmteste Name der Stadt war.

Ich wählte irgendeine schnurgerade Landstraße nach Norden, bog scharf rechts ab und überquerte auf der Höhe der Black Hills die Grenze nach South Dakota. Eine der ersten Autobahnabfahrten zeigte nach Deadwood, wo gerade eine Fernsehserie über den „wahren Wilden Westen" gedreht wurde; wenige Kilometer südlich strömten Touristen zum Mount Rushmore mit den vier in Stein gehauenen Präsidentenköpfen. In unmittelbarer Nachbarschaft war ein fast ebenso gigantisches Monument für Crazy Horse, den Anführer der Lakota-Indianer im Widerstand gegen die Weißen, zu besichtigen. Nirgendwo schien Amerika so sehr bei sich und so fern ab von der Welt zu sein. Selbst der Krieg war verschwunden. Dessen Spuren hatte ich zuletzt in Twin Falls, Idaho, gesehen, wo eine Familie mit einem handgemalten Schild im Garten den Nachbarn meldete: „Unser Sohn ist wieder zu Hause. Wir wünschen den anderen Soldaten viel Glück" – was eher nach einem Stoßseufzer der Erleichterung als nach patriotischem Säbelrasseln klang.

Doch plötzlich, mitten in Rapid City, South Dakota, war die Welt wieder da. Meine alte, deutsche Welt. Gegenüber der Central High School stand weithin sichtbar ein Stück der Berliner Mauer, ein Stück des vertrauten, antifaschistischen Schutzwall-Grau, das hier wirkte wie eine prähistorische Ruine. Davor waren zwei Panzersperren aufgestellt, die einst den Zugang zum Brandenburger Tor blockierten – eine davon gewidmet den Bürgern von Potsdam und ihrer Stadt, wo „schon 1685 im Potsdamer Edikt die Religionsfreiheit für Katholiken, Protestanten und Juden ausgerufen wurde".

Ich hatte in South Dakota alles mögliche erwartet, aber keine Verneigung vor dem Potsdamer Edikt. Auch kein Freiluft-Museum für die Bürgerbewegung der DDR, für die Leipziger Nikolai-Kirche und die Montags-Demonstranten. Nichts anderes war das „Berlin Wall Memorial" in Rapid City: eine Hommage an Freiheitsdrang und Zivilcourage. Nur ganz am Rande, auf den hinteren Schrifttafeln, rühmte man den lokal-amerikanischen Beitrag in Gestalt der 28. Bomberflotte und der atomaren Langstreckenraketen auf dem nahe liegenden Luftwaffenstützpunkt. „Wo es um die Freiheit geht, darf Wachsamkeit nie der Selbstgefälligkeit weichen." Fünfzehn Jahre nach dem Fall der Mauer hatte man in Deutschland und Amerika eine sehr unterschiedliche Auffassung von Selbstgefälligkeit. Fünfzehn Jahre später symbolisierte das Mahnmal auch den Graben zwischen beiden Ländern. ‚Seht her', schien es zu sagen, ‚wir haben immer an das Gute in euch Deutschen geglaubt. Warum glaubt ihr nicht mehr an das Gute Amerikas?'

Die Mauer lag hinter mir. Ich fuhr ungeduldig und schneller als erlaubt durch die Cheyenne River Reservation der Lakota über den Missouri. Der Blick reichte nach allen Seiten immer noch ins Unendliche, aber anders als in Idaho und Wyoming packte einen hier nicht die Euphorie. Die Dakotas waren geschaffen für Melancholiker, für Leute, die um sich herum ein stilles Meer aus Gräsern ertrugen, aus dem hier und da ein verrosteter Traktor oder die Ruine einer Scheune ragten. Die einzigen Lebewesen über weite Strecken waren wuchtige, kraftstrotzende Büffel, die grasten und glotzten, als wäre nichts passiert, als wäre das letzte Jahrhundert keine Epoche, sondern allenfalls ein kurzes Zwinkern im Lauf der Welt gewesen; als hätten hier nie Immigranten aus Skandinavien, Deutschland und Russland Mais und Weizen gepflanzt, Ernte um Ernte aus dem Boden gepresst – in dem Glauben, dass dies das Land sei, wo Milch und Honig fließen und der Regen dem Pflug folgt. Die neuen freien Farmer eines freien Landes lernten auf bitterste Weise, dass die Prärie nur eine unerschöpfliche Ressource hat: den Wind.

1934 fegten gewaltige Blizzards Millionen Tonnen Ackererde in apokalyptischen Wolken gen Osten – auf die Dächer der Schlachthöfe Chicagos, in die Häuserschluchten New Yorks. Über zwei Millionen Menschen verloren Hab und Gut, viele flohen nach Kalifornien in eine Existenz als bitterarme Erntehelfer. John Steinbeck schrieb für sie seinen Roman „Früchte des Zorns", Dorothea Lange fotografierte ihre Gesichter. Der Regen kam zurück, und mit ihm viele Bauern, doch eine Generation später begann das große Sterben der Familien-Farmen und damit des Symbols für das autarke, freiheitliche Leben. Einige riesige Ackerflächen gehörten jetzt Groß-Konzernen, bei denen die Bauern nun angestellt waren, Maschinen verrichteten die meiste Arbeit. Um die Äcker mehrten sich die Geisterstädte. Dafür kehrten immer mehr Indianer aus den Großstädten auf die Reservationen zurück – und züchteten Büffel. Hinter der Cheyenne River Reservation gaben die Ortsschilder nur mehr zweistellige Bevölkerungszahlen an. Shopping Malls, 24-Stunden-Tankstellen, Mc Donald's waren Welten entfernt, aber das galt auch für Krankenhäuser, Postämter und Arztpraxen. Mound City in South Dakota hatte noch 60 Einwohner. Zwischen den vernagelten Fenstern entlang der Hauptstraße dämmerte Licht im „Calico"-Restaurant. Die Speisekarte bot „Bratwurst and Strudel" und jeden Sonntag „German Buffet". In der Gegend hatten sich vor allem Deutsche angesiedelt, „Russland-Deutsche", sagte die Wirtin, die hungrig auf ein Gespräch aus der Küche kam. „Da gab's irgendwann Ärger mit dem Zaren, und dann sind sie hierher gezogen." Wahrscheinlich erinnerte sie das Klima an zu Hause. Schneestürme und Temperaturen von minus 30 Grad waren in den beiden Dakotas normal.

Die Wirtin hieß Laurie Lee Olson und war in ihrem ersten Leben als Country-Sängerin durch den Mittleren Westen getingelt. „Bars, Rodeos, Jahrmärkte – nichts Großes." Der Durchbruch kam nicht, was nach ihrer Ansicht an den Musikern, nicht an ihrer Stimme gelegen hatte. Sie hatte das „Calico" vor ein paar Jahren gekauft, vermietete die obere Etage für 15 Dollar die Nacht an Sportjäger aus Fargo oder Rapid City, die im Herbst Truthähne schossen, kochte täglich Krautwickel und Frikassee und schien sich nicht daran zu stören, dass das hohe Alter ihrer Gäste dem „Calico" keine lange Zukunft verhieß.

Laurie Lee Olson machte sich ihre Gedanken über die Rückkehr der Büffel. „Ich mag die Viecher ja, und für die Indianer ist es gesund. Die haben unser Essen nie vertragen, deswegen sind sie ja so schlecht beisammen. Einen Indianer kann man nicht mit Hamburger und Pommes Frites ernähren. Sie füttern Ihren Hund doch auch nicht mit Katzenfutter …" Ich hatte weder einen Hund noch einen Indianer zu Hause, aber Laurie Lee Olson war schwer zu unterbrechen. „… jeder muss auf seine Art leben können. Das steht alles hier drin." Sie zeigte auf einen Stapel Broschüren mit dem Titel „The Way To Happiness", die sie kostenfrei an ihre Gäste verteilte und offenbar auch an den Gouverneur von South Dakota verschickt hatte. Dessen Dankschreiben hing eingerahmt an der Wand. „Der erste nicht-religiöse moralische Leitfaden, der auf gesundem Menschenverstand beruht“, stand auf der Rückseite. Der Autor war L. Ron Hubbard, Gründer der Scientology-Sekte. Sie steckte mir ein Heftchen zu und wünschte eine gute Reise.

Merricourt lag bereits in North Dakota und hatte noch das Tempolimit-Schild am Ortseingang, aber keine Einwohner mehr. In einem verwilderten Garten hing eine Wäscheleine mit Klammern, das Haus neigte sich wie in einer letzten Verbeugung dem Boden entgegen. Der quadratische Ziegelbau am Ortseingang war einst eine Filiale der „First State Bank“ gewesen, dann eine Bar. Das besagte zumindest der handgemalte Schriftzug auf der Fensterscheibe. Im Haus gegenüber stand noch ein braunes, verschlissenes Cord-Sofa, auf dem drei Football-Helme lagen. Auf der staubigen Straße davor lagen zertretene Patronenhülsen einer Schrotflinte, dahinter begann schon der Acker. Ein Traktor stand schräg im Feld, als sei der Bauer nur schnell zum Pinkeln abgesprungen. Ich traute der Friedhofsruhe nicht, sah immer wieder über die Schulter in Erwartung einer quietschenden Tür oder eines Gesichts im Fenster. Nichts. Nur zwitschernde Vögel und raschelnde Bäume. Ich setzte mich mitten auf der Hauptstraße auf den Boden, und hörte außer meinem Atem kein menschliches Geräusch.

Offensichtlich gab es noch jemand anderen, der diese Stille schätzte. Das Gemeindehaus war frisch gestrichen, hatte ein solides Schloss an der Tür und einen neuen Briefkasten mit den Initialen „PWP“.

Ich hatte gefunden, was ich suchte: den Sitz von „Prairie Wind Power“. In ein paar Jahren würden zwischen den Geisterstädten Wälder wachsen. Wälder von Windturbinen. Zumindest stellte sich das der Chef von PWP so vor.

11. Fargo, North Dakota: Die Supermutter von Fargo

Es dauerte anderthalb Tage, dann hatte sich Fargo mit seinen Geräuschen in mein Gedächtnis eingeprägt: ein leises Fauchen in der Luft, das sich manchmal ins Heulen steigerte; dazu das Rascheln flatternder Plastiktüten und Papierreste, die eine Bö irgendwann gegen Autos oder Briefkästen klatschte.

Man verzeiht einer Stadt den Wind, wenn sie am Meer liegt. Fargo lag nicht am Meer.

„Hier ist es manchmal ein bisschen stürmisch“, murmelte Lynn Fundingsland, nachdem er eine gute Minute in seiner Kaffeetasse gerührt hatte. Fundingsland hatte ein Gesicht wie ein verwitterter Felsen, war der Chef von „Prairie Wind Power“ und außerdem norwegischer Abstammung, was seine Angewohnheit erklärte, Sätze lange abzuwägen, bevor er sie aussprach. Überhaupt sprach und bewegte sich niemand hastig in Fargo. Man sparte seine Energie – schon des Wetters wegen. Skandinavische Immigranten hatten sich bei der Besiedlung des Landes die klimatisch mit Abstand unfreundlichste Region ausgesucht. Im Winter versank man bis zum Bauch im Schnee, erduldete Temperaturen von minus 30, manchmal minus 40 Grad – und dann kam noch der Wind. Die Bewohner ertrugen diese Widrigkeiten mit einem Stoizismus, den man im Rest des Landes gern als ethnisch eingefärbte Bräsigkeit verspottete. Städte und Dörfer, deren Telefonbücher Unmengen an Nielsens, Ekbergs und Gustaffsons auflisteten, hatten ein eigenes Tempo, eine eigene Art, das Leben überschaubar zu halten.

Vom Wind hatte Lynn Fundingsland immer geträumt – so wie andere Menschen vom Meer oder von den Bergen träumen. Vor dreißig Jahren, als die meisten hinter „alternative energy" einen LSD-Trip vermutet hätten, schrieb er an seinem College Referate über die Umsetzung von Wind in Strom.

Dann traf er vor ein paar Jahren einen Schulfreund wieder, der es in seinem Leben zu Geld gebracht hatte und investieren wollte. Sie sammelten die Daten des nationalen Wetterdienstes und fanden heraus, dass der beste Standort für Windturbinen ein paar Meilen westlich von Fargo lag – rund um die Geisterstadt Merricourt. Sie überzeugten die verbliebenen Farmer in den umliegenden Gemeinden, Windmesser aufzustellen, und kauften das kleine Rathaus von Merricourt als Firmensitz. Die Bauern und Rancher baten sich lediglich aus, den Gemeindesaal einmal im Monat für einen Polka-Abend nutzen zu dürfen. So war wieder etwas Leben in die Geisterstadt eingekehrt.

100 Megawatt Leistung hatten sie einem Stromkonzern und potenziellen Abnehmer im benachbarten Minnesota angeboten. North Dakota, da war sich Lynn Fundingsland sicher, könnte einer der großen Windenergielieferanten der USA werden – Tausende von Turbinen, verstreut über die unendliche Prärie. Tausende von Turbinen, die niemanden störten, weil bald niemand mehr hier leben würde. Außer den Büffeln. Und einigen Indianern.

Aber noch hatten sie das Kapital nicht beisammen, noch stand keine einzige der 110 Turbinen, die „Prairie Wind Power" geplant hatte. Also ging Fundingsland weiter seinem eigentlichen Job als Direktor der Wohnungsbehörde nach und kümmerte sich um die Neuankömmlinge und Absteiger in seiner Stadt.

Fargo wuchs. Im Gegensatz zum sterbenden Umland boomte die Wirtschaft: Software-Firmen und mehrere kleine Colleges schufen Arbeitsplätze und Nachfrage nach neuen Apartments, Shopping Malls, Tankstellen und 24–Stunden-Supermärkten. Die Zahl der Einwohner war auf 90 000 gewachsen, was für manche der Alteingesessenen schon gefährlich nach Metropole klang.

Manche der entwurzelten Dörfler wurden auf der Suche nach einer neuen Existenz und billigem Wohnraum zu einer Angelegenheit für Fundingslands Büro, wo man sich immer neue Wege ausdenken musste, die Haushaltskürzungen des Kongresses in Washington abzufedern. Hilfsempfängern den Mietzuschuss streichen? So etwas machte man in Fargo nicht. Eher schickte Fundingsland ein Rundschreiben an seine Klienten mit der Bitte, in Zukunft 20 oder 30 Dollar mehr pro Monat beizusteuern, damit niemand aus dem Programm, und damit aus der Sozialwohnung, geworfen werden musste. In Fargo machten sich skandinavische Einflüsse nicht nur im Temperament der Leute, sondern auch in ihrem Verständnis von Sozialstaat bemerkbar. Mit der texanischen Überzeugung, dass Kirche und Caritas für die Armen zuständig seien, konnte man hier nichts anfangen.

In den letzten Jahren waren nicht nur bankrotte Farmer und ihre Familien nach Fargo gezogen, sondern auch Flüchtlinge vom Balkan und aus Afrika. Diesen Bevölkerungszuwachs hatte man der lutherischen Kirche und ihren überaus aktiven Flüchtlingsdiensten zu verdanken. Die hatten in den letzten Jahrzehnten viel zur ethnischen Vielfalt der Region beigetragen, hatten Angehörige laotischer Bergvölker nach Wisconsin, Vietnamesen nach Minnesota und Bosnier und Somalis nach North Dakota vermittelt. Die Gemeinden übernahmen Patenschaften, Fundingslands Büro sorgte für billigen Wohnraum. „Die Bosnier und Somalis brauchen uns nie lange“, sagte Fundingsland. „Nach zwei Jahren stehen sie auf eigenen Beinen.“

„Wie überlebt ein Somali den Winter in Fargo?“, fragte ich.

„Wenn man ihm die Heimat unter den Füßen weggeschossen hat“, sagte Fundingsland, „ist es hier gar nicht so kalt.“

Eigentlich war ich nicht wegen der Windenergie oder der Somalis nach Fargo gefahren. Ich wollte eine Prominente, eine Lokalheldin treffen, die sich auf eigene Weise gegen die drohende Entvölkerung von North Dakota stemmte. Ihr Name war in Bars, Bowling-Hallen, Kirchen und Krankenhäusern bekannt: Meredith Olafson, Fargos Supermutter.

Die Olafsons lebten in einer ruhigen Wohnstraße mit geduckten Häusern. Vier kleine Zimmer, Küche, Keller, Garage und ein bisschen Garten waren nicht gerade fürstlich für eine Familie mit vier Kindern, aber es war besser als das Apartment, in dem sie vorher gewohnt hatten.

Die Tür zum Haus der Olafsons war jederzeit offen, was es fast unmöglich machte, sich in Ruhe zu unterhalten. Die zwei jüngsten Kinder, Trevor, 8, und Krissy, 9, galoppierten mit Horden von Nachbarskindern durch das Wohnzimmer in den Garten, hingen in der Schaukel, verlangten Eiskrem oder Pepsi, vergaßen das im nächsten Moment wieder, übten Fahrradmanöver in der Garagenauffahrt oder Baseball in der Nähe der Fenster. Dazwischen räkelten sich mit der trägen Genervtheit pubertierender Mädchen die beiden älteren Töchter, Michelle, 16, und Jessica, 14, samt Freundinnen, und mittendrin stand Meredith wie ein Schiffslotse, der Chaos genoss und sich darauf beschränkte, die schlimmsten Kollisionen zu vermeiden. Sie hatte praktisch kurze Haare, trug praktische Trainingshosen und Turnschuhe und hielt Schmuck und Make-Up auf ein Minimum beschränkt. Sie war eine durch und durch praktische Frau.

Mir waren die Olafsons vom ersten Moment an sympathisch. Sie waren unsentimental und herzlich. Sie gehörten zu jener Gruppe, die man in den USA „untere Mittelschicht" nannte, und hatten deshalb weder das Geld noch die Neurosen gehobener Kreise, in denen Eltern ihre Teenager mit Kreditkarten gegen die Langeweile ausrüsteten und ihre Kleinen nur noch in der Schutzkleidung eines Eishockey-Spielers aufs Fahrrad ließen.

Bei den Olafsons galt: Kinder, die hinfielen, standen meistens wieder auf; dreckige Füße und Hände waren Zeichen eines gesunden Spieltriebs; gegen die Nöte der Pubertät halfen Sport oder ein Ferienjob.

Allerdings war es nie einfach gewesen, eine Familie mit vier Kindern in der Mittelschicht, dieser mythischen Insel der Sicherheit, zu halten. Ehemann Jay hatte nach dem College seinen Wunschberuf als Grundschullehrer gar nicht erst angetreten und umgesattelt auf „assistant produce manager" bei „Hornbacher's", einem Supermarkt. Als Lehrer hätte er in North Dakota in seinen ersten Berufsjahren 12 000 Dollar im Jahr verdient. Als stellvertretender Produktmanager musste er zwar jeden Morgen um vier Uhr aufstehen, um rechtzeitig zur Anlieferung der Frischware im Laden zu sein. Er machte Inventur, gab Bestellungen auf, lud manchmal selbst mit aus. Aber dafür verdiente er immerhin 22 000 Dollar brutto im Jahr und hatte Anrecht auf zwei Wochen Urlaub. Demnächst würden es drei.

„Hornbacher's" war ein Arbeitgeber vom alten Schlag, der keine Gewerkschaften mochte, aber seinen Angestellten noch Sozialleistungen bot. Deswegen waren die Olafsons im Gegensatz zu 42 Millionen anderen Amerikanern krankenversichert.

Mit einem Jahreseinkommen von 22 000 Dollar wäre eine sechsköpfige Familie deutlich unter die Armutsgrenze gefallen. Doch Meredith Olafson hatte – abgesehen von ihrem Dasein als Mutter und Schiffslotse – zwei Jobs. Sie arbeitete als Vollzeit-Krankenschwester in einer orthopädischen Praxis und betreute dreimal die Woche abends querschnittsgelähmte Patienten. Dafür brachte auch sie 22 000 Dollar Jahreseinkommen nach Hause. Das reichte nach Abzug der Steuern gerade so, um jeden Monat die Raten für das Haus abzustottern, Strom, Gas und Wasser zu bezahlen, den Kühlschrank für sechs Mäuler aufzufüllen, die Kinder einzukleiden, Trevor ins Sommerlager oder Krissy zum Tanzkurs zu schicken. Drei Autos waren zu finanzieren – je eines für Jay und Meredith, damit sie zur Arbeit kamen, eines für Michelle, die älteste Tochter. Für irgendwelche Rücklagen – sei es ein Sparkonto, eine private Altersversorgung oder Studiengebühren für die Kinder – reichte es nicht.

Meredith Olafson gönnte sich einen „faulen" Tag in der Woche. Sonntags schlief sie aus, bis halb neun. Was immer ihr die Kinder dann an freien Stunden übrig ließen, verbrachte sie mit ihrem Ehemann auf dem Golfplatz.

Es hatte mich immer gewundert, dass Golf, das traditionelle Hobby reicher weißer Männer, zu einer Zeit zum Massensport wurde, da reiche weiße Männer so dreist wie schon lange nicht mehr die Kassen des Landes, ihrer Unternehmen oder ihrer Aktionäre plünderten. Die Firmenchefs der 100 größten Unternehmen kassierten Durchschnittsgehälter von 37 Millionen Dollar pro Jahr, während ein Viertel aller amerikanischen Arbeitnehmer trotz Vollzeitjobs nicht den Sprung über die Armutsgrenze schaffte. Dank der gigantischen Steuersenkungen der Bush-Regierung hatten Millionäre jeden Monat 5000 Dollar mehr auf dem Konto, eine Familie wie die Olafsons gerade mal 70 Dollar.

Also horchte ich auf leise Anzeichen sozialen Unmuts im Hause Olafson, suchte mit den Augen nach einem Gewerkschaftsaufkleber oder anderen Garstigkeiten.

Nichts.

Jay Olafson, ein bäriger Mann mit zu vielen Pfunden um die Hüften, misstraute Gewerkschaften, weil sie seiner Meinung nach vor allem die Arbeitsmoral ihrer Mitglieder untergruben. Meredith fand, dass Protest und Streit nicht so recht zum Charakter der Leute im Mittleren Westen passten. Hier regelte man Probleme lieber gütlich – per Handschlag.

Alles in allem gab es einfach nicht viel, worüber sich die Olafsons beklagen wollten. Sie hatten sich ein annehmbares Leben erschuftet, das aufrechtzuerhalten war, solange Jay und Meredith gesund blieben.

Sie störten sich nicht am protzigen Reichtum einer Elite, die in North Dakota ohnehin nicht sichtbar war. Sie pochten lediglich auf eine klassenlose Gesellschaft auf dem Golfplatz. Jay spielte mit Handicap 1 und Meredith mit Handicap 26. Wenn sie nicht gerade wieder kurz vor einer Entbindung stand. Denn hin und wieder übernahm Meredith Olafson noch einen dritten Job. Eine Art Zeit-Arbeit. Ihr Frauenarzt hatte sie auf die Idee gebracht.

Meredith Olafson erledigte die Aufgaben in ihrem Leben mit der fröhlichen Energie eines Menschen, der sich Erschöpfungs- und Leidensphasen nicht leisten kann – und stolz darauf ist. Das galt auch für ihre Schwangerschaften. Ihr wurde nie schlecht, sie fühlte sich euphorisch, setzte kaum Pfunde an und hielt sich nie lange im Kreißsaal auf. Sie hatte Michelle, ihre älteste, nach 75 Minuten Wehen in die Welt geschubst und diese Zeit bei der Geburt von Trevor, ihrem Jüngsten, auf 15 Minuten reduziert. Der Doktor war sichtlich beeindruckt: „Meredith, Ihre Schwangerschaften verlaufen wie im Bilderbuch. Sie wären die ideale Leihmutter.“ Das war 1996.

Acht Jahre und acht Babies später sagte Meredith Olafson: „Das Geld war nie der ausschlaggebende Grund." Ich glaubte ihr das sofort. Ich hatte über die Jahre mehrere Leihmütter interviewt und dabei zweierlei gelernt: Erstens konnten sich Frauen, die selbst schon Kinder hatten, ohne weiteres von einem Baby trennen, das neun Monate in ihrem Bauch herangewachsen war. Zweitens merkten sie mit Stolz, dass die vermeintlich selbstverständliche Fähigkeit des Gebärens plötzlich zur Heldentat wurde, wenn man die Kinder anderer zur Welt brachte. Zu einer gut honorierten Heldentat.

Wenn man Meredith glauben durfte, fiel der Entschluss zur Leihmutterschaft nach nur kurzer Beratung im Familienkreis. Jay hatte nichts dagegen, dass sich seine Frau die Embryonen fremder Leute einsetzen lassen würde. Für die Kinder sprach stellvertretend Michelle: „Mach', wie du meinst. Hauptsache, Du bringst die Babies nicht nach Hause."

Leihmutterschaft hatte sich über die letzten zwanzig Jahre in den USA zu einer einträglichen Branche entwickelt. Agenturen vermittelten potenzielle Leihmütter an Paare, die selbst nicht gebären konnten – oder wollten. Meredith Olafson füllte einen Berg von Formularen für eine Agentur in Colorado aus, ließ sich psychologisch testen, gynäkologisch untersuchen und reichte Leumundszeugnisse ein – und zog alles zurück, als sie erfuhr, dass die Agentur pro erfolgreiche Vermittlung 15 000 Dollar kassierte. So machte man das nicht im Mittleren Westen. Meredith Olafson wollte ihre Leihmutterschaften selbst aussuchen und wenn schon nicht mit Handschlag, so doch im persönlichen Gespräch besiegeln. „Zwischen dem Paar und mir muss es funken", sagte sie. „Sonst geht das nicht."

Also machte Meredith Olafson sich und ihren Bauch zu einer informellen Ich-AG, zu einem Ein-Frau-Unternehmen ohne offiziellen Eintrag und Büroanschrift. Mund-zu-Mund-

Propaganda ersetzte den Werbeetat. All das lag im Bereich des Legalen. Leihmutterschaft war in North Dakota erlaubt, solange die Leihmutter kein Honorar erhielt, sondern nur ihre Kosten zum Lebensunterhalt gedeckt wurden.

Die ersten Interessenten stammten aus einer Kleinstadt unweit von Fargo. Judy und Dan, sie war Reisekauffrau, er hatte eine kleine Baufirma. Man traf sich bei den Olafsons, mochte sich, ging zum Anwalt und setzte einen Vertrag auf, wonach Judy und Dan sämtliche medizinischen Kosten übernehmen sowie Meredith für die Zeit der Schwangerschaft einen „Unterhalt“ zahlen würden.

An einem August-Tag 1998 ließ sich Meredith Olafson drei Embryonen einsetzen, die mit Dans Sperma und Judys Eizellen in der Petri-Schale gezeugt worden waren. Zwei Wochen später meldete sie den zukünftigen Eltern am Telefon das Ergebnis. „Ihr kriegt Drillinge.“

35 Wochen später entband sie per Kaiserschnitt drei gesunde Babies – Brooke, Megan und Nicholas. Drei Jahre darauf gebar sie – ebenfalls per Kaiserschnitt – Zwillinge für Alex und Victoria, ein russisches Immigrantenpaar. Nach beiden Geburten erschien sie 14 Tage später stolz wie eine Schneekönigin wieder zur Arbeit in der orthopädischen Klinik. Dort waren die Patienten ihrerseits stolz, dass die „Supermutter“ von Fargo höchstpersönlich ihren Spreizfuß oder Kreuzbandriss versorgte. „Guten Morgen, Meredith, sind wir heute wieder schwanger?“, wurde zu einer geflügelten Begrüßung – auch sonntags in der Kirche. Meredith und ihre Familie beteten natürlich bei den Lutheranern.

Leihmutterschaft war in den USA anfangs ein Phänomen unter Arbeiter-Familien. Frauen, die keine Kinder bekommen konnten, fanden Freundinnen oder auch ihnen unbekannte Mütter, die für sie ein Baby austrugen. Dabei wurde weder Honorar noch „Unterhalt“ gezahlt. In-vitro-Fertilisation war noch relativ unbekannt, und das kinderlose Paar hätte sich eine solche Prozedur auch nie leisten können. Also fand die Zeugung mit bescheidenem technischen Aufwand statt. Die Leihmutter injizierte sich das Sperma des zukünftigen Vaters – und wurde so zur biologischen Mutter des Kindes, das sie nach der Entbindung aus den Händen gab.

Kaum gingen die ersten Fälle durch die Presse, tauchten die ersten Mittelsmänner auf: Rechtsanwälte und Geschäftsleute boten Rechtsberatung und Vermittlungsdienste und lockten Mittelschichtpaare als Kunden auf den Markt.

Binnen weniger Jahre gesellten sich zu Sperma-Banken und Eizell-Verkäuferinnen auch Leihmutteragenturen mit solch fürsorglichen Namen wie „Mother Goose" oder „Growing Generations" – „Gänsemutter" oder „Wachsende Generationen" – wobei Letztere vor allem schwule Paare an der Westküste zu ihren Klienten zählte.

Aus einem altruistischen Akt war ein einträgliches Geschäft geworden, dem der Staat kaum Grenzen auferlegte. Der Markt würde sich schon selbst regulieren – etwaige Probleme würden die Gerichte lösen müssen. Manche Agenturen ließen keinerlei Kontakt zwischen Paaren und Leihmüttern zu, andere kontrollierten den Alltag schwangerer Leihmütter, da diese das „Eigentum anderer Leute" in sich trugen. Dafür kassierten sie Gebühren von 30 000 Dollar und mehr. Wohlhabende Paare boten potenziellen Leihmüttern bis zu 100 000 Dollar – die meisten in dem verzweifelten Wunsch, endlich ein Kind zu haben; manche, weil die Frau ihre Karriere nicht unterbrechen oder ihre Figur nicht ruinieren wollte. Solche Klienten annoncierten ihre Motive unverhohlen auf den Websites von Leihmüttern, in deren „chat rooms" sich Meredith mit Kolleginnen im ganzen Land austauschte.

„Solche Paare würde ich bei mir gar nicht durch die Tür lassen", erklärte sie.

„Für Leute, die faul sind, machen wir so was nicht", erklärte ihr Mann. Er *machte* bei der Leihmutterschaft ohnehin nicht viel. Aber Jay Olafson äußerte sich durchaus zu den Geschäftsprinzipien.

Die Olafsons hatten inzwischen eingesehen, dass bei einer Leihmutterschaft außer persönlicher Sympathie für das andere Paar auch ein umfangreicher Vertrag nötig war. Da war zunächst das Geld: Meredith Olafson bekam für jeden Einsatz als Leihmutter rund 25 000 Dollar. Das waren rund 2700 Dollar pro Monat, fast 900 Dollar mehr, als sie als Krankenschwester verdiente.

Dann waren juristische Fragen zu klären: Was passierte, wenn den Auftraggebern während der Leihmutterschaft etwas zustieß?

„Sie müssen im Vertrag Erziehungsberechtigte benennen. Denn abtreiben würde ich in einem solchen Fall nicht." Meredith legte ihrerseits schriftlich ihre Bereitschaft fest, auch Mehrlinge auszutragen, was bei ihrer „Trefferquote", wie sie es flapsig nannte, eher die Regel denn die Ausnahme war.

„Und was passiert, wenn Sie Drillinge kriegen und die Eltern höchstens Zwillinge wollen?", fragte ich.

„Steht alles im Vertrag", sagte Meredith Olafson. „Wenn die Eltern reduzieren wollen, dann mache ich das."

„Selective reduction" nannte man diesen Eingriff, bei der einer oder mehrere Föten durch eine Injektion im Bauch der (Leih-)Mutter abgetötet wurden. Aus Gründen, die mir schleierhaft blieben, war diese Praxis nie ins Visier der ansonsten gnadenlosen Abtreibungsgegner geraten. Auch Meredith, die für sich die Möglichkeit eines Schwangerschaftsabbruchs weit von sich wies, hatte nichts gegen eine „selektive Reduktion", sie verwarf den Gedanken daran mit einer Handbewegung. Bisher war das Problem nicht aufgetaucht. Bisher hatte sie mit keinem ihrer Paare irgendwelche Zwistigkeiten, geschweige denn einen Rechtstreit gehabt. „Im Mittleren Westen machen die Leute so etwas nicht“, sagte sie. Den Satz kannte ich schon.

Mit dem unerschütterlichen Glauben an ihre Physis und den Grundsatz, wonach mit genügend Willen alles zu schaffen ist, hatte sich Meredith letztes Jahr wieder vier Embryonen einsetzen lassen – dieses Mal für Roger und Debby, wieder ein „wirklich nettes“ Ehepaar aus Fargo, das wie die anderen Paare selbst keine Kinder bekommen konnte und überglücklich achteinhalb Monate später Drillinge in Empfang nahm: Randi, Cole und Carter, deren Babybilder mit den Fotos aller anderen von Meredith geborenen Kinder an einer zunehmend unübersichtlichen Glasvitrine im Wohnzimmer klebten. Dieses Mal allerdings sandte ihr Körper ein Warnsignal: Kurz vor der Entbindung diagnostizierte der Arzt Toxämie, bakterielle Giftstoffe im Blut – eine Komplikation, die gegen Ende einer Schwangerschaft auftauchen kann. Nach der Geburt musste sich Meredith Olafson zum ersten Mal eingestehen, dass ihr Körper nicht mehr konnte. Sie blieb nach der Entbindung durch Kaiserschnitt acht Wochen zu Hause.

„Dann war das wohl die letzte Leihmutterschaft …“, sagte ich.

„Oh, einmal geht schon noch“, antwortete sie und mischte die Babybilder auf dem Wohnzimmertisch, als wollte sie eine Partie Memory spielen.

Sie war jetzt 39 Jahre alt, aber einmal wollte sie es noch versuchen – und kein Arzt und kein Gesetz konnten sie davon abhalten. Noch ein Mal wollte sie das unbeschreibliche Gefühl genießen, zwei fremden Menschen die lang ersehnten Kinder in die Arme zu legen. Das Geld mochte nicht das treibende Motiv sein, aber gebrauchen konnten es die Olafsons allemal. Mit den „Unterhaltszahlungen“ der ersten drei Leihmutterschaften hatten sie Schulden abgezahlt, Kreditkarten ausgeglichen, das Haus renoviert, zum ersten Mal Urlaub in Florida gemacht. Mit der vierten Leihmutterschaft wollte Meredith Olafson einen College-Fonds für ihre Kinder finanzieren. Mit der fünften vielleicht „meine private Altersversicherung".

„Ich dachte, sie wollten es nur noch einmal machen?", sagte ich.

„Oh, vielleicht geht auch zweimal."

Sie hatte schon das nächste Paar gefunden, „nette Leute, die wir beim Bowling kennen gelernt haben". Die zwei waren kinderlos und kreuzunglücklich. Man habe ein paar Runden gespielt, über Kinder geredet und darüber, wie man sie heutzutage zeugen und gebären konnte. Wie man eben so ins Gespräch kam im Mittleren Westen.

„Kommen Sie gut nach Hause" rief sie mir zum Abschied nach. Im Rückspiegel meines Autos sah ich sie im Garten, umringt von einem halben Dutzend Kinder, die Hände in die Hüften gestemmt wie eine Mutter aus Zilles Skizzenbuch. Sie winkte, drehte sich um und wuchtete ein paar alte Kisten auf einen Haufen. Die Garage musste noch entrümpelt werden, morgen kam die Sperrmüllabfuhr. Meredith Olafson wollte mich per E-Mail über weitere Geburten auf dem Laufenden halten. In drei Monaten plante sie den nächsten Embryotransfer. Bei der nächsten Entbindung würde sie 40 Jahre alt sein.

Vielleicht hatte mich die scheinbar unerschöpfliche Energie dieser Supermutter ermüdet, vielleicht hatte ich auch nur genug vom Autofahren. Bis Chicago waren es 1120 Kilometer. Ich gab den Mietwagen ab und kaufte ein Flugticket.

12. Chicago, Illinois: Das Wunder von der South Side

„In New York ist vieles rein äußerlich, Ornament. In Chicago wird einem nichts vorgemacht.“ Das notierte der russische Schriftsteller Wladimir Majakowski 1925 in sein Reisetagebuch, das später unter dem Titel „Meine Entdeckung Amerikas“ erschien und mit dem schönen Fazit endete: „Es könnte sein, dass die Vereinigten Staaten der letzte bewaffnete Verteidiger der hoffnungslosen bürgerlichen Sache werden.“

Majakowski, der Kommunist, hatte damals dem Zentralkomitee der amerikanischen Genossen in Chicago seine Aufwartung gemacht und sich zu streikenden Arbeitern gesellt. Majakowski, der Entdecker, war fasziniert gewesen von der rohen Energie der Stadt. Von den Schlachthöfen, in denen Metzger Rinder und Schweine am Fließband abstachen und Arbeiter zwei Hallen weiter Schinkendosen plombierten; vom Dampf der Lokomotiven, der schon am frühen Morgen die Häuser einhüllte; von den eisernen Zugbrücken, die sich den ganzen Tag wie mahnende, antreibende Finger über den Kanälen hoben und senkten; vom babylonischen Sprachengewirr der irischen, italienischen, polnischen, deutschen Einwanderer und der aus dem Süden der USA übergesiedelten Schwarzen.

Die Welt
hat hier aus allen ihren fünf Teilen
ein Quintett gebildet
und hat der Stadt Zauberkraft verliehen …

Dieses Gedicht hatte Majakowski Chicago gewidmet, noch bevor er es zum ersten Mal gesehen hatte.

Als ich die Stadt fast 60 Jahre später, 1984, zum ersten Mal sah, war nicht einmal mehr das FBI an den Restbeständen der Kommunisten interessiert, und in der Innenstadt ragten längst Wolkenkratzer von New Yorker Dimensionen in den Himmel. Das war mir recht, denn ich wollte keine Schlachthöfe riechen, sondern einen Sommer lang den Glanz einer Metropole genießen, bevor ich mich für ein ganzes Jahr als Austauschstudentin in eine Kleinstadt im Mittleren Westen wagte. Wie der Zufall so wollte, traf ich gleich am ersten Tag auf eine unbewaffnete und sehr hoffnungsfrohe Verteidigerin der bürgerlichen Sache. Mary Alice Rankin, eine weiße Großmutter mit einer stadtweiten Reputation als umtriebige Polit-Aktivistin, überließ mir nach einer halben Stunde Smalltalk ihren Hausschlüssel und erzählte mir in den folgenden zwei Monaten Anekdoten über die mehrheitlich schwarzen Gefängnisinsassen, die sie mit Büchern und Zuspruch versorgte. Ich hörte mit offenem Mund zu und machte dank Mary Alice die Bekanntschaft einer Generation linksliberaler Senioren, die es in Deutschland nicht gab.

Von ihr erhielt ich damals auch meine Einführung in Chicagos Farbenlehre. Es klang etwas nüchterner als Majakowskis Poesie über das Quintett mit Zauberkraft: In der South Side und Teilen der West Side wohnten die Afro-Amerikaner, die weiße Oberschicht lebte in den nördlichen Suburbs entlang des Michigan-Sees, die weiße Mittelschicht in der North Side und den gen Westen drängenden Vorstädten. Mary Alice wohnte in Oak Park, einer der ältesten Suburbs, die direkt an ein Viertel der Schwarzen grenzte – selbst für Weiße mit großem liberalen Herzen galt es damals nicht als ratsam, aus der Stadtbahn zu früh auszusteigen. Was die generelle Stimmung zwischen Schwarzen und Weißen in Chicago betraf, so pflegte Mary Alice zu sagen: „Things are pretty messed up."

Die Lage war immer noch ziemlich verpfuscht.

Doch wie es Majakowski schon beschrieben hatte: Chicago war immer gut für ein Wunder. Ein Stadtteil, den alle schon aufgegeben hatten, konnte plötzlich wieder zum Leben erwachen. Ein paar blassgesichtige Studenten aus einer Elite-Universität konnten innerhalb eines Semesters einen Justizirrtum aufklären und damit die Praxis der Todesstrafe ins Wanken bringen. Ein Michael Jordan konnte auftauchen und die Welt dazu verführen, Amerika einen Moment lang nur mit seinen Initialen zu verbinden.

Wunder waren möglich, und auf ein Wunder wartete man in diesem Frühjahr 2004 in der Far South Side. Dort stand Tommi Hayes in der Turnhalle der „Carver High School" und träumte davon, dass seine Schule eines Tages als Sprungbrett zu den besten Colleges angesehen würde und sich weiße Eltern darum reißen würden, ihre Kinder auf diese High School zu schicken. Hayes war Afro-Amerikaner – wie fast alle Schüler an der „Carver High School". Er trug Uniform. Seine Schulterstücke wiesen ihn als Major des amerikanischen Heeres aus. Er war 47 Jahre alt, seit 30 Jahren beim Militär und hatte sich im Lauf seiner Karriere unter anderem auf den Umgang mit nuklearen Sprengköpfen spezialisiert. „Das braucht Sie aber nicht zu interessieren", sagte er freundlich.

Major Hayes hielt den Rücken immer militärisch gerade, was in Kontrast zu seinem Gesichtsausdruck stand: ein wenig müde und erstaunt, als wundere er sich selbst, auf welche Mission er sich eingelassen hatte. Die amerikanische Armee stand im Irak und in Afghanistan – und er sollte in Chicago eine Schule retten.

„Carver", wie sie kurz genannt wurde, lag auf Höhe der 131. Straße am südlichsten Zipfel der Stadt, eingekeilt zwischen der Interstate 94 nach Indiana, einer Sozialbausiedlung mit Drogenproblemen, einem brachliegenden Industriegrundstück und einem kleinen Park am Calumet-Fluss, von wo aus man die Müll-Deponie am anderen Ufer sehen konnte. Nicht einmal mehr Schnapsläden und Pfandleiher versuchten ihr Glück in diesem Viertel.

Die Schule bestand aus einem zweistöckigen, kastenförmigen Gebäude und einem kahlen Parkplatz mit Schlaglöchern.

In der Eingangshalle stand der obligatorische Metalldetektor. Rechts lag die Aula, links im langen Gang glänzten in Glasvitrinen die Pokale der Schulmannschaften. Malcolm X blickte Tag und Nacht mit strengem Gesicht von einem Wandgemälde.

Der Major schaute an diesem Morgen melancholisch einer Gruppe von Schülern zu, die in der Turnhalle militärische Formationen übten. Aus dem Augenwinkel sah er draußen auf dem Gang eine Elftklässlerin vorbeischlendern, die erstens um diese Zeit im Unterricht sitzen sollte und zweitens ihre graugrüne Armee-Uniform mit einem Paar metallic-roter Nike-Schuhe kombiniert hatte. „Kadett! Bleib sofort stehen", rief Hayes und lief in ihre Richtung. Ich rannte hinterher, denn ich war an diesem Tag der Schatten des Majors.

Ich hatte die Far South Side zum ersten Mal 2002 besucht – kurz nach der Verwandlung der „Carver High School" in die „Carver Military Academy" in eine Schule nach militärischem Muster. Das Wunder schien damals nach Plan zu verlaufen.

Vor dem Einzug der Armee war „Carver" das Territorium der „Gangster Disciples", der „Blackstones" oder der „Four

Corner Hustlers" gewesen, die hier Nachwuchs für ihre Gangs rekrutierten. Lehrer hatten sich morgens im Polizeibericht über die Schießereien der letzten Nacht informiert, um tagsüber zusammen mit den ständig patrouillierenden Polizisten Racheakte in der Schule zu unterbinden. In den Mittagspausen, wenn Scharen von Schülern auf die Gänge drängten, waren regelmäßig Schlägereien ausgebrochen. Geschossen wurde nie, was wohl dem Metalldetektor zu verdanken war. Schüler kamen und gingen, wann sie wollten; wer gute Noten erhielt, wurde als „Whitey" geächtet, als jemand, der sich benahm wie ein Weißer. Die Quote der Abbrecher war hoch, der Traum vom College so weit entfernt wie die Skyline am Michigan-See, die viele Jugendliche aus der Far South Side noch nie mit eigenen Augen gesehen hatten. 50 Jahre nach Aufhebung der Rassensegregation galt Chicagos Stadtzentrum vielen Schwarzen in der South Side immer noch als „The White Man's House", das „Haus des Weißen Mannes".

Dann kam die Armee – genauer gesagt: die Schulverwaltung übergab die Verantwortung für Disziplin, Ordnung und einen Teil des Lehrplans dem „Junior Reserve Officer Training Corps", dem Jugendcorps des Pentagon. Plötzlich standen Sergeanten mit bulligen Gesichtern auf dem Schulhof. Alles, was als Ausdruck der Gangkultur interpretiert werden konnte, wurde verboten: ungeschnürte Basketballschuhe, eng an die Kopfhaut geflochtene Zöpfe, Stirntücher, schwere Halsketten, protzige Uhren. Die Türen in der Schule wurden in Tarnfarben gestrichen. Die Schüler mussten in Soldaten-Uniform zum Unterricht erscheinen, sie erhielten exakte Anweisungen zum militärischen Bügeln von Hemden, Jacken und Hosen und bekamen einen militärischen Rang je nach Alter, Notendurchschnitt und „Führungsqualität". Einschlägig bekannte Gangmitglieder bekamen Hausverbot oder blieben irgendwann von selbst weg. Die Schüler, die bislang ihr Rekrutierungspotenzial gebildet hatten, waren in Uniform plötzlich unantastbar geworden. Statt zwischen den „Blackstones“ oder den „Gangster Disciples“ lavieren zu müssen, marschierten sie nun in der Kompanie „Alpha“, „Bravo“ oder „Charlie“.

Neben Mathematik, Geografie und Englisch gehörten nun auch Militärgeschichte, Navigieren und Staatsbürgerkunde zum Lehrplan, außerdem „Selbstvertrauen, Verantwortungsbewusstsein, Arbeitsethik“. So versprach es der Leitfaden des „Junior Reserve Officer Training Corps“ (JROTC). Der Notendurchschnitt der Schülerschaft stieg, die Quote der Abbrecher sank. Der Star der Schule war JROTC-Oberstleutnant Herrera, 16 Jahre alt, kaum 1,60 groß und dank exzellentem Notendurchschnitt und „herausragender Führungsqualitäten“ Carvers große Hoffnung für den Sprung nach West Point, Amerikas renommiertester Militärhochschule.

Die Eltern der Schüler, die nun Kadetten hießen, staunten ebenso wie die leidgeprüften zivilen Lehrer. Ich fand damals den Anblick von 15-jährigen, die in Uniform die Hacken zusammenschlugen, erschreckend und konnte doch jede Mutter in der Far South Side verstehen, die ihr Kind auf diese Schule schickte. Viele Eltern rund um „Carver“ hatten sich anfangs heftig gegen die Militarisierung der Schule gewehrt, hatten befürchtet, dass die Armee auf Rekrutenfang aus war. Dann war die Kritik verstummt. „The good gang“, hieß es in der South Side, habe die „bad gangs“ verjagt. Die Armee hatte gegen die „Gangster Disciples“ gewonnen. Ohne einen Schuss abzufeuern. Die Schule war befriedetes Territorium.

Major Tommi Hayes hatte die Elftklässlerin eingeholt und ins „Disziplinarzimmer“ beordert, einem kahlen, überheizten Raum. Es war nicht ihr erster Auftritt an diesem Ort, und

Hayes fand nach genauerer Untersuchung weitere Verstöße: Sie trug einen Walkman bei sich, hatte sich die Unterlippe mit einem silbernen Stecker durchstochen und am frühen Morgen die Ermahnung eines Lehrers mit einem weit hörbaren „Fuck you" beantwortet.

Hayes zog das Disziplinarhandbuch der Chicagoer Schulverwaltung heraus, dass ihm ausdrücklich „militärkonforme Sanktionen" erlaubte. 20 Liegestütze zum Beispiel. Oder Strafexerzieren in der Turnhalle. Aber solche Maßnahmen verhängte er gegen Neuntklässler, gegen „freshmen", die in ihrem ersten Jahr an der Militärschule noch die Grenzen testen wollten. In der elften Klasse wurde von jedem Kadetten „vorbildhaftes Verhalten" erwartet. Der Major faltete ein Stück Papier auseinander und hielt es dem Mädchen unter die Nase. „Das ist die Verpflichtung, die du beim Eintritt in diese Schule unterschrieben hast. Keine gepiercten Lippen, kein Walkman, kein Handy, keine Obszönitäten, kein Schwänzen. Komplette, saubere Uniform mit schwarzen, sauberen Schuhen. Du dachtest, ich werde irgendwann müde und schaue nicht mehr so genau hin. Du dachtest, das ist hier alles nur Spaß. Das ist kein Spaß. Das ist deine einzige Chance, den Schulabschluss zu schaffen. Hast du kapiert?" Er brüllte nicht, er presste die Worte heraus. Schweiß perlte auf seiner Stirn. Das Mädchen starrte an ihm vorbei gegen die Wand. Hayes blickte in eine Mauer aus Trotz. „Du bist zwei Tage suspendiert. Am Montag kommst du mit deinem Vater oder deiner Mutter um acht in mein Büro." Das Gesicht des Mädchens zuckte kurz. Zwei Tage Suspendierung waren eine harte Strafe, die in ihre Akte eingetragen werden und wahrscheinlich jede weitere Beförderung verhindern würde. Und wen sollte sie am Montag mitbringen? Einen Vater gab es zu Hause nicht, die Mutter musste arbeiten. Sie ließ verächtlich ihre Augenlider sinken, würdigte den Major weder eines Wortes noch eines Blickes und schlurfte provozierend unmilitärisch hinaus.

Es war erst zehn Uhr und dies schon der sechste Verstoß gegen Uniform-Vorschriften, den der Major in seinem täglichen Dauerlauf durch die Schule geahndet hatte. Dieser Vorfall würde ihn eine gute Stunde kosten. Er musste ein schriftliches Protokoll des beschimpften Lehrers einholen, einen Vermerk schreiben, sich auf das Gespräch am Montag vorbereiten. Das Klingelzeichen kündigte das Ende einer Unterrichtsstunde an, Kadetten strömten aus den Zimmern, und ich entdeckte plötzlich an jeder Ecke die schleichende Rückkehr alter Sitten: Dort hing das Hemd heraus, hier fehlte der Gürtel und die Hose rutschte Richtung Kniekehlen, Baseballmützen leuchteten, Kopfhörer baumelten um gelockerte Krawatten. Major Hayes und seine JROTC-Offiziere waren ganz offensichtlich dabei, mühsam gewonnenes Terrain zu verlieren. Eine Ordnung, die schon durch einen offenen Schnürsenkel oder ein heraushängendes Hemd unterlaufen werden konnte, war ebenso rigide wie fragil. Es fehlte dem Major an Personal und an Geld – der Krieg gegen den Terrorismus hatte die Kraft der amerikanischen Armee erschöpft. Ich schlängelte mich einen halben Meter hinter Hayes durch die Menge und begann unwillkürlich zu denken, wie der Major redete: ‚Zieh die Hose hoch! Wo ist deine Jacke? Lass das Handy verschwinden, bevor ich es einkassiere. Wer hat dir erlaubt, Turnschuhe anzuziehen?'

„Carver" war die zweite Chicagoer Schule, die ihre Schüler militärischem Drill unterworfen hatte. Die erste, die „Chicago Military Academy", lag ebenfalls in der South Side.

Chicago hatte sich in den letzten zwanzig Jahren vom Niedergang der 70er Jahre erholt, hatte baufällige Wohnblocks erneuert und begrünt, neue Industrien angesiedelt und einen

Teil der weißen Mittelschicht zurückgelockt, die einst in die Suburbs geflohen war. Bloß war dieser Aufschwung an den Ghettos der Schwarzen ebenso spurlos vorübergegangen wie 1954 das historische Urteil des Obersten Gerichtshofs zur Aufhebung der Segregation an den Schulen. Die schwarzen Migranten, die Anfang des letzten Jahrhunderts zu Hunderttausenden vor Rassentrennung und Armut aus dem Süden des Landes in den Süden Chicagos geflohen waren, hatten dort zwar Jobs gefunden, aber mehr nicht.

Die Stadtplaner hatten in den 50er und 60er Jahren Hochhaussiedlungen für sie errichtet – und dann Autobahnen um sie herum gebaut. Als die Schulen in ihren übervölkerten Vierteln aus allen Nähten platzten, stellte die Stadtverwaltung lieber Container auf die Spielplätze, als schwarzen Kindern den Zugang zu halbleeren weißen Schulen zu gestatten. Es war eine Politik der Rassentrennung – aber in den Augen ihrer Betreiber, darunter vieler „liberal" denkender Lokalpolitiker, ging es nur darum, auf diese Weise sozialen Frieden zu erreichen: Jede Bevölkerungsgruppe bekam ihren Anteil an städtischen Arbeitsplätzen, öffentlichen Bauprojekten und subventioniertem Wohnraum.

Die Folgen der „wohlwollenden" Segregation waren tagtäglich an Schulen in den schwarzen Ghettos zu besichtigen. In ihrer Ratlosigkeit gaben Kommunalpolitiker vor einigen Jahren die Parole aus: „Send in the Marines!" Inzwischen hatten sich zehn High Schools in militärische Anstalten verwandelt oder einen militärischen Zweig eingerichtet. Über 10 000 Schüler in der Stadt waren Mitglieder des JROTC, an jeder zweiten öffentlichen Oberschule wurden Nachmittagsprogramme angeboten. Das Pentagon zahlte für die Uniformen, die Lehrmittel und zum Teil für die Gehälter der Offiziere. Die Schulen, unterfinanziert und von der Gang-Kriminalität überfordert, nahmen das Angebot dankend an.

Shannon Herrera, Carvers bester Kadett, beobachtete in der Nachschubkammer im Erdgeschoss die Ausgabe von Fahnen und Exerziergewehren an ihre Untergebenen. Das JROTC verlangte in seinem Lehrplan auch „Treffsicherheit mit dem Gewehr – stehend, knieend, liegend“, doch die Schulverwaltung hatte sich dazu entschlossen, diese Unterrichtseinheit in Chicago zu streichen. Chicagos Kadetten durften lediglich mit Gewehr-Attrappen für Paraden üben.

Als ich Shannon Herrera vor zwei Jahren zum ersten Mal gesehen hatte, hatte sie den Rang eines Oberstleutnant getragen und war heiser gewesen. Als Oberstleutnant hatte man die Exerzierübungen zu leiten, was Shannon, die keine durchdringende Stimme besaß, schnell in den Brüllton verfallen ließ. Nun war sie zum Oberst befördert und hatte einen Stab von Untergebenen zur Verfügung, die solche Aufgaben übernahmen: Diese leiteten nun den Drill in der Turnhalle, inspizierten Uniformen, organisierten den Fahnenappell und notierten, wenn irgendein Kadett „Motherfucker“ sagte.

Shannon war jetzt 18 Jahre alt, der Babyspeck war noch nicht verschwunden, ihr Gesicht wirkte abwechselnd kindlich und erwachsen. Sie ließ sich in ihrer makellosen Uniform lässig auf einen Stuhl fallen und zog eine Miene wie ein altgedienter Haudegen im Offiziersclub, der seine Kameraden zu Scotch und Zigarre erwartete. Die drei golden schimmernden Rauten auf ihren Schulterstücken zeigten ihren Rang, den blauen Stern hatten ihr Offiziere des Heeres für „herausragende Präsentation“ ihrer Bataillone bei der letzten Inspektion verliehen; dazu kamen zwölf weitere Abzeichen für diverse Verdienste, die sie so schnell aufzählte, dass ich mit dem Schreiben nicht mitkam. In vier Wochen würde sie ihren Abschluss machen – dann hatte sie allen, ihren Eltern, ihrem Bruder und ihren „zivilen“ Freunden, bewiesen, dass man mit „Disziplin, guter Führung und Ehrgeiz alles schaffen kann, was man will“.

Vier Jahre lang war Shannon Herrera jeden Morgen um fünf Uhr aufgestanden und anderthalb Stunden mit Bus und Stadtbahn zur Schule gefahren, denn sie wohnte in Bridgeport an der West Side. Ihre Eltern, Einwanderer aus Mexiko, waren anfangs von der Idee ihrer Tochter, die letzten Jahre der High School unter schwarzen Teenagern in der tiefsten South Side zu verbringen, nicht begeistert gewesen. Aber da waren nun einmal die Militärakademien. Das war, wenn man so wollte, ein erster Schritt Richtung Integration: hispanische Kinder an afro-amerikanischen Schulen.

Vier Jahre lang hatte sie nach dem regulären Unterricht JROTC-Kurse, Boxen und Basketball belegt, war um sechs Uhr abends nach Hause gekommen, hatte Hausaufgaben gemacht, war um neun Uhr ins Bett gegangen.

Jeden Sommer hatte sie in Fort McCoy, einer Kaserne in den Wäldern von Wisconsin, das „boot camp" für Kadetten absolviert. Weckruf um 4 Uhr 30, Frühsport, Marschieren, Orientierungslauf, Unterricht in Mathematik und Navigation, Lagerfeuer. Sie simulierte Fallschirmsprünge, seilte sich von Holztürmen ab und lernte, wie man nach militärischer Vorschrift ein Bett machte: das Laken faltenlos spannen, Kissen exakt in die Mitte legen, die Decke oben zwei Handbreit umschlagen – „so scharf gefaltet wie eine Dollarnote". Nach einem Hindernislauf war sie erschöpft zusammengebrochen, aber „erst hinter der Ziellinie, nicht davor". Den Satz ‚Ich kann nicht mehr', habe sie aus ihrem Gedächtnis gestrichen, sagte sie. „Sonst kommt man nicht weit." Jetzt war ein ungemein selbstbewusster, ja überheblicher Ausdruck in ihr Gesicht getreten, als hätte sie eine Formel zum Erfolg entdeckt, die den anderen in ihrer Altersgruppe, vor allem den Zivilisten, verschlossen bleiben würde.

„Disziplin, gute Führung, Ehrgeiz" – so hatte es auch jener Mann formuliert, der Anfang der 90er Jahre das Jugendcorps nicht nur als Impfstoff gegen soziale Probleme, sondern auch als Blaupause für die Erziehung guter Staatsbürger angepriesen hatte. Was schwarzen und hispanischen Jugendlichen in den Großstädten fehle, hatte Colin Powell 1992 nach den Rassenunruhen in Los Angeles gesagt, seien Ordnung und Struktur wie das Militär sie biete – nicht erst für 18- oder 20-jährige in den Kasernen, sondern auch schon für 14- oder 16-jährige in den Schulen. Der damalige Chef des Generalstabs glaubte, das richtige Instrument gefunden zu haben.

Fast jeder kannte bis dahin das „Reserve Officer Training Corps" (ROTC), das amerikanischen Studenten Stipendien gibt, wenn sie sich für einige Jahre als Reservisten verpflichten. Das „Junior Reserve Officer Training Corps", 1916 zusammen mit dem ROTC gegründet, war hingegen ein obskures Nachmittagsprogramm an amerikanischen High Schools geblieben – populär nur in einigen weißen ländlichen Regionen der Südstaaten. Nach Powells Auftritt in Los Angeles riefen Schuldirektoren aus Boston, Chicago, Philadelphia oder St. Louis im Pentagon an und baten um JROTC-Ausbilder.

Zehn Jahre später hatte das Jugendcorps seine Mitgliederzahl auf 500 000 verdoppelt und war an fast jeder siebten High School mit Nachmittagsaktivitäten vertreten: Fahnengarde, „Drill Team", Anti-Drogenkampagnen und die „Cadet Challenge", ein hartes Ausdauertraining.

Aber das JROTC erwies sich nicht, wie erwartet, als Reformanstalt für Gang-Mitglieder oder männliche Jugendliche, die auf der Kippe zum Aussteigertum standen. Um die mussten sich weiter Polizei, Gerichte und zivile Schulen kümmern. Das JROTC löste keine sozialen Probleme, aber es schuf „Schutzzonen", von denen zur Überraschung seiner Anhänger eher die Mädchen als die Jungen profitierten. Sie stiegen in der Rangordnung auf und sie schafften Abschlussnoten, die ihnen Stipendien für die besseren Colleges ermöglichten.

Shannon Herrera hatte sich tatsächlich in West Point beworben. Jesse Jackson junior, Sohn des Bürgerrechtlers und Kongressabgeordneter aus Chicago, hatte ihr eine Empfehlung geschrieben.

„Ich bin angenommen", sagte sie, seltsam gleichmütig.

„Gratuliere", sagte ich.

Sie druckste eine Weile herum, dann war es heraus: Shannon Herrera hatte sich verliebt – in einen „Zivilisten" aus einer High School von der West Side, dem Salutieren und Strammstehen völlig fremd waren. „Ich glaube, er fühlt sich von mir ein bisschen eingeschüchtert."

Vielleicht war West Point mit seinem berüchtigten Drill doch nicht das Wahre. Vielleicht würde sie sich lieber bei der Nationalgarde verpflichten und sich nach einem Dienstjahr das Anrecht auf vier Jahre College verdienen. „Military light" gewissermaßen – und weniger beängstigend für den Mann, der dann an ihrer Seite stand. Ich wusste nicht, was ich von dieser Entwicklung halten sollte: Sollte ich mich über die entmilitarisierende Kraft der Liebe freuen oder mich darüber ärgern, dass Frauen immer darauf achteten, ihre Männer nicht einzuschüchtern? Major Timmi Hayes würde jedenfalls untröstlich sein. Wieder kein Carver-Absolvent in West Point.

„Was schreiben Sie jetzt über uns?" fragte der Major sarkastisch in der Kaffeepause. „Dass wir die amerikanische Hitlerjugend sind?"

Hayes war in Deutschland stationiert gewesen und hatte dort schnell herausgefunden, dass die Deutschen als Lehre aus dem Nationalsozialismus, von dem sie die amerikanische Armee befreit hatte, eine Abneigung gegen das Militär im Allgemeinen und das amerikanische im Besonderen entwickelt hatten. Ganz traute er mir nicht zu, dass ich seine Mission in der South Side verstanden hatte.

Hayes nahm die Autoschlüssel vom Schreibtisch, überließ das Kommando im Uniformkeller einem bulligen Puerto Ricaner, Sergeant Ruíz, und fuhr mit mir in die benachbarte Sozialsiedlung. Die kleinen Backsteinhäuser mit ihren winzigen Gärten wirkten auf den ersten Blick harmlos, auf den zweiten sah man die mit Spanplatten vernagelten Fenster, die ausgeschlachteten Autowracks und die vielen jungen schwarzen Männer, die um diese Zeit entweder in der Schule oder auf der Arbeit hätten sein sollen. Hayes war in einem solchen Viertel aufgewachsen – nicht in Chicago, sondern in Decatur, im Süden von Illinois. Mit 17 hatte er sich bei der Armee verpflichtet. Das war seine Fahrkarte aus dem Ghetto gewesen.

Der Major kannte in der Siedlung inzwischen die Drogendealer und die „troublemaker" – manche hatte er selbst von der Schule geworfen. Er kannte die Eltern der Sechstklässler aus der Mittelschule, bei denen er regelmäßig für „Carver" warb; er hatte die Bewohner ausfindig gemacht, die aus diesem Krisengebiet wieder das machen wollten, was es vor Jahrzehnten einmal war: ein sozial stabiler Wohnbezirk. Vor uns rollte eine Zivilstreife der Drogenfahndung durch die Straßen. Beim Anblick des Wagens lösten sich Pulks von Jugendlichen auf. Ältere Männer saßen betrunken in Hauseingängen oder beugten sich über die Motorhauben rostiger Autos. Frauen waren kaum zu sehen. „Die Leute brauchen günstige Kredite, um ihre Häuser zu kaufen", sagte Hayes. „Hausbesitzer kümmern sich um ihr Viertel. Mieter nicht. Und die Frauen brauchen billige Ganztagsbetreuung für ihre Kinder." Die Frauen hatten Arbeit, wenn auch schlecht bezahlt. Die Männer nicht.

Aber das Wichtigste war die Schule. Eine gute Schule hob Wert und Ansehen des ganzen Viertels. Und wer anders als die Armee sollte eine Schule in einem Viertel retten, das die Politiker, die Unternehmer und all die gemeinnützigen Stiftungen schon vor Jahrzehnten aufgegeben hatten? Wer anders als die Armee, von der schon Franklin D. Roosevelt gesagt hatte, sie sei „die effizienteste Institution" zur Umsetzung staatlicher Programme?

„Nennen Sie mir eine Alternative", sagte der Major.

An den Straßenmasten flatterten grüne Fähnchen. Grün war die Farbe der Schule: „Carver Military Academy – The Jewel of the South Side".

Wenn die Statistiken des Pentagon stimmten, dann würden sich fast die Hälfte der Kadetten der JROTC-Programme mit dem Abschlusszeugnis in der Hand beim Militär verpflichten. Sie würden eine Ausbildung als Nachrichtentechniker, Sanitäter, Mechaniker, Panzerschütze oder Nachschubspezialist erhalten. Und das Geld fürs College. Die Armee war ein Instrument der Chancengleichheit, sie hatte immer schon Schwarzen und Latinos Türen geöffnet, die ihnen anderswo verschlossen geblieben waren. Dafür starben im Krieg dann auch überdurchschnittlich viele Schwarze und Latinos.

Jetzt war Krieg.

Vor zwei Jahren hatte der Krieg noch keinen Preis. Der Einmarsch in den Irak hatte noch nicht begonnen. Amerikanische Militäreinsätze waren Präzisionseingriffe aus der Luft (fast) ohne Tote in den eigenen Reihen. Das Risiko, eines gewaltsamen Todes zu sterben, war in Chicago größer als im Einsatz in Afghanistan.

Vor zwei Jahren saß ich mit einer Gruppe Kadetten im Nachschubkeller, ließ mir erklären, wie man sich von einer zehn Meter hohen Wand abseilte, einen Orientierungslauf überstand und ein Nachtsichtgerät benutzte. All das hatte man ihnen im Sommerlager geboten, und ein Kriegseinsatz war in ihren 16- oder 17-jährigen Köpfen nichts weiter als eine Steigerung dieses Ferienabenteuers, die Armee war ein solider Arbeitgeber mit anständigen Sozialleistungen.

Jetzt, im Frühjahr 2004, war eben diese Armee in blutige Straßenkämpfe im Irak verwickelt. Anders als bei früheren Kriegen zeigten die Nachrichtensendungen allabendlich die Fotos und Namen der Toten, und Carvers Kadetten sahen die Gesichter von 18-, 19-, 20-jährigen Gefreiten und Sergeanten. Sogar Shannon Herrera, die vor zwei Jahren mit einem markigen „Soldaten müssen immer bereit sein" den Ton vorgegeben hatte, hoffte nun, dass das College sie vor dem Ernstfall bewahren würde.

Ich verließ die „Carver Military Academy" an diesem Nachmittag drei Stunden früher als geplant. Ein durchdringend schriller Ton meldete Feueralarm, alle strömten auf den Hof. JROTC-Offiziere, Polizisten und die Angehörigen des privaten Sicherheitsdienstes, den die Schule immer noch beschäftigte, durchkämmten das Gebäude und entdeckten ein verkohltes Stück Papier unter einem Rauchmelder – wahrscheinlich ein kleiner Racheakt eines Kadetten, den Hayes vor ein paar Tagen suspendiert hatte. Durch die Reihen der Offiziere und Lehrer eilte plötzlich das Gerücht, Jugendliche aus der Nachbarsiedlung wollten sich die Schule „vornehmen". Der Unterricht wurde abgebrochen, die Kadetten nach Hause geschickt. Major Hayes stand am Ausgang und beobachtete, wie seine Schützlinge zu den gelben Schulbussen schlurften.

Er machte einen letzten Gang durch die Flure, kontrollierte das „Disziplinarzimmer", die Turnhalle, die dunklen Ecken unter den Treppenaufgängen und den „Babyraum", wo schwangere Kadettinnen oder solche, die gerade entbunden hatten, auf ihre Zukunft als allein erziehende Mütter vorbereitet wurden. Derzeit gab es 20 solcher Fälle. Hayes sah sich um. Der Raum war wie alle anderen leer. Er drehte sich um, lachte, als sei ihm plötzlich etwas eingefallen. „Wissen Sie, dass ich seit fünf Jahren keinen freien Tag mehr hatte?“

Es war einfach, einen Krieg zu gewinnen – und so schwer, den Frieden zu halten.

Ich fuhr zurück in die Innenstadt, parkte am Michigan-See und setzte mich ans Ufer. Hinter mir glitzerten die Wolkenkratzer, vor mir das türkisblaue Wasser des Sees, das Chicago an Sonnentagen einen Hauch von Mittelmeer verlieh. Jogger trabten vorbei, Rennräder surrten, Motorboote tuckerten aus dem Hafen hinaus aufs offene Wasser. Ein paar Blocks westwärts lagen wunderbare, wiederbelebte Viertel mit florierenden Geschäften, Cafés, Theaterbühnen, Sportplätzen, halbwegs ordentlichen Schulen und einem Vielvölkergemisch an Bindestrich-Bürgern, das jeden deutschen Dezernenten für multikulturelle Angelegenheiten neidisch gemacht hätte: „Korean-Americans“, „Russian-Americans“, „Mexican-Americans“, „Chinese-Americans“, „Anglo-Americans“. Das Quintett der Welt.

Die South Side war Lichtjahre entfernt.

13. Von Chicago nach New York – oder: Die letzten Tage von Kokomo

Rund 40 Kilometer südlich von Chicago, kurz vor Kankakee, war den Architekten der suburbanen Zersiedelung endlich die Puste ausgegangen. Ich fuhr gemächlich auf schnurgeraden Landstraßen ins Amerika der kleinen Städte mit seinen Wassertürmen, Soldatendenkmälern und rot-weiß-blauen Girlanden.

Vorbei an Orten, deren Namen große Pläne und Enttäuschungen verrieten: „New Hebron", „Palestine", „Burnt Prairie". Der Blick reichte so weit wie in Wyoming oder New Mexico, aber die Landschaft mit Ackerfurchen und Getreidesilos führte nicht zu jener Demut und Freiheit, die man fühlt, wenn man Canyons oder endlose Prärie sieht. Im Mittleren Westen galt wieder das Gesetz der Schwerkraft. Träume hatten Grenzen – auch wenn sie trotzig auf den Ortsschildern verewigt waren. „Metropolis, Illinois", „New Madrid, Missouri".

An einer Kreuzung mitten in den Maisfeldern wies der Pfeil links nach „Eldorado", rechts nach „Equality". Weder das eine noch das andere war am Horizont zu sehen. Geradeaus führte die Straße an einem alten Zaun entlang. „Jesus Is Lord" hatte jemand in armlangen Buchstaben an die Balken genagelt.

Eldorado, Equality, Jesus-Is-Lord. In diesem Dreieck musste das Herz Amerikas liegen. Ich stieg aus. Nichts rührte sich. Kein Auto, kein Traktor, nicht einmal eine Kuh. Ein leichter Wind trieb laue Luft über die Felder.

Das Herz des Landes war weniger eine geografische Beschreibung als ein Zustand. In jedem Landkreis zwischen Nebraska, Ohio, North Dakota und Arkansas erklärten einem die Leute beim Morgenkaffee: „This is the heartland." Manchmal klang es wie: „This is the hard land." Gemeint war: „Willkommen im wahren Amerika."

Das „Heartland" war Synonym für die Bodenständigkeit, für den Ruhepunkt einer hypermobilen Nation. Das „Heartland" ließ sich nie von der Hektik der großen Städte anstecken und nahm dafür gern den Vorwurf der Langweiligkeit in Kauf. Man wähnte sich immun gegen die Profitsucht der Ostküste und den Körperkult der Kalifornier. Hier spritzte man sich weder das Nervengift Botox zur Verhinderung von Falten noch Heroin, denn städtische Exzesse waren ebenso verpönt wie „extreme" politische Ideen. Hier verkörperte man noch den calvinistischen Fleiß und den Jefferson'schen Bürgersinn der bäuerlichen Gemeinde – auch wenn es diese schon lange nicht mehr gab. Hier atmete man die politische „Mitte".

Die nationalen Medien interessierten sich selten für das Herz des Landes. Aber alle vier Jahre, während des Präsidentschaftswahlkampfs, genossen die Menschen in Iowa, Kansas, Missouri, Indiana oder Illinois ihren großen Auftritt. Dann tauchten die Kandidaten in karierten Hemden und derben Schuhen auf, um schwielige Hände zu schütteln, über Soja-Preise zu fachsimpeln und ihre eigene Herkunft aus Kleinstädten zu rühmen, aus denen sie bei erstbester Gelegenheit geflohen waren.

Es war nicht einfach, im Selbstbild des „Heartland" Wahres und Verlogenes auseinander zu halten, weswegen es immer Überraschungen bereithielt. Nicht nur für Anwärter auf die amerikanische Präsidentschaft. Auch für mich.

Mein „Heartland" lag in Bloomington, Indiana. Das Gremium eines akademischen Austauschprogramms hatte mich vor zwanzig Jahren dorthin geschickt, was ich in der Anmaßung einer 23-jährigen Berliner Politologie-Studentin zuerst für eine Zumutung hielt. Für mich bestand Amerika damals aus der Ostküste und Kalifornien. Dazwischen lag viel Gras.

Nach über einem Jahr in Indiana war ich klüger. Ich hatte zum ersten Mal anarchistische Maisbauern gesehen und gelernt, dass man LSD nicht mit Marihuana kombinieren sollte. Ich hatte im „Off Campus"-Fußballteam eine passable Mittelfeldreihe mit einem palästinensischen Mathematiker und einem argentinischen Betriebswirt gebildet. Der CIA erschien regelmäßig zur Rekrutierung auf dem Campus. Meine Kommilitonen mit Studienschwerpunkt „Sowjetunion" bewarben sich; die Studenten mit Schwerpunkt „Lateinamerika" demonstrierten gegen den „US-Imperialismus". Danach gingen beide Gruppen friedlich Kaffee trinken.

Der „Indiana University" hatte ich auch mein Gastspiel als Schafhirtin in der Navajo-Reservation in Arizona zu verdanken. Die Universität erkannte solche Abenteuer als Praktikum an. „Sie kriegen noch einen Kulturschock gratis und ein bisschen Hornhaut an den Händen", sagte der zuständige Professor. Meine Navajo-Gastmutter war von meinen Kenntnissen der Viehwirtschaft nicht beeindruckt. Sie mochte mich trotzdem, weil ich nicht so viel redete wie weiße Amerikanerinnen, und bot mir an, mich mit einem „anständigen Kerl" aus dem Schildkröten-Klan zu verkuppeln. Kurzum: Man konnte erstaunlich viel erleben, wenn man ins amerikanische „Heartland" verpflanzt wurde. Mehr als an der Freien Universität Berlin.

Allerdings ließ Bloomington schnell vergessen, dass es auch ein anderes Indiana gab: Das Indiana der Erweckungs-Prediger, der Quilt-Näherinnen und patriotischen Maisbauern – weiß, protestantisch, sehr konservativ, extrem arbeitsam. Die beiden Welten hatten einen Schnittpunkt: das Basketballteam meiner Universität. Es wurde damals von einem legendären Choleriker namens Bobby Knight trainiert, der nach Niederlagen mit Stühlen um sich warf. Wir Studenten hielten das für reaktionär-autoritär, die Farmer vor der Stadt für nachvollziehbar, wenn nicht pädagogisch wertvoll.

Zwanzig Jahre später hatte sich Bloomington wenig verändert. Der Campus vermittelte mit seinen altehrwürdigen Kalkstein-Bauten und gepflegten Parks immer noch den Eindruck eines geistigen Hochleistungszentrums. Die Bierdosen, Bacardi-Flaschen und Pizza-Kartons auf den Veranden der Studenten-Häuser gaben der Stadt immer noch das Flair einer Marathon-Party von Teenagern, deren Eltern in Urlaub gefahren waren. Die Bars und Restaurants waren zahlreicher und teurer geworden. Die CIA rekrutierte inzwischen vermutlich Studenten mit Schwerpunkt „Mittlerer Osten". Bloomingtons linke Szene hatte ihre „Viva Sandino"-Parolen durch „Free Tibet" ersetzt und ihr Angebot an alternativer Medizin um „beglaubigte intuitive Heiler" erweitert. Am Rand der Stadt hatte das buddhistische „Dagom Gaden Tensung Ling"-Kloster eröffnet. Womöglich war das zu viel gewesen für Bobby Knight, der seine Trainingsmethoden nun an einer College-Mannschaft in Texas anwandte.

Ich trank einen Cappuccino mit Kaffee aus garantiert organischem Anbau und fuhr weiter nach Kokomo, Indiana. Ich war nie zuvor in dieser Stadt gewesen, aber das, was ich gelesen hatte, qualifizierte Kokomo als Gegenentwurf zu Bloomington. Kokomo konnte in seiner Geschichte wenig akademischen Ruhm, aber viele Patente aufweisen. Unter anderem hatte es der Welt den aufblasbaren Gummireifen, den mechanischen Maispflücker und den Tomatensaft aus der Dose geschenkt. Hier gab es keine buddhistischen Tempel, dafür aber den „Living Water Christian Store", einen christlichen Multimedia-Markt in der Shopping Mall. Tibet im Besonderen, und das Ausland im Allgemeinen, waren sehr weit weg.

In Letzterem sollte ich mich allerdings täuschen.

Die Tür zum „Living Water Christian Store“ brachte ein Glöckchen zum Schwingen, dessen weihnachtlicher Klang schnell von einem plätschernden Kunstbrunnen übertönt wurde, den wiederum nach ein paar Schritten ins Ladeninnere der Refrain eines Soft-Rock-Songs schluckte: „Jesus Is An Awesome One, Jesus Is An Awesome One“. Im „Living Water Christian Store“ arbeiteten nur Frauen. Alle waren Anfang zwanzig und dezent geschminkt, neigten zum Übergewicht und legten eine sanfte Unbeirrbarkeit an den Tag. Sie räumten Regale frei. Ich war, ohne es zu wissen, in die Vorbereitungen eines Großereignisses hineingeraten. Morgen sollte der zwölfte Band von „Left Behind“ herauskommen, der Bestseller-Reihe von Tim LaHaye und Jerry Jenkins. Buchläden im ganzen Land hatten zwei Millionen Exemplare vorbestellt – ein paar hundert würden an den „Living Water Christian Store“ in Kokomo gehen. „In Band zwölf kommt Jesus zurück“, sagte eine Verkäuferin namens Ashley, die digitale Bibeln als Sonderangebot auspreiste. „Wir sind total gespannt, wie sich das liest.“

Mein ratloser Gesichtsausdruck verriet mich sofort. „Sie haben noch nie LaHaye gelesen? Dann rate ich Ihnen, mit Band eins anzufangen. Sonst kommen Sie nie rein. Da geht’s gleich richtig los mit dem Tag der Entrückung.“

„Welche Entrückung?“

„Das ist der Tag, an dem Jesus alle wahren Christen aus der Welt zu sich holt.“

„Aber dann ist doch schon alles vorbei. Wie kann man darüber zwölf Bücher schreiben?“

Sie lächelte mich an, offensichtlich dankbar über so viel

Unwissenheit. Ich brauchte nicht nur ein Buch, ich brauchte Nachhilfe.

Tim LaHaye, Gründer eines christlichen „Forschungszentrums“ und Jerry B. Jenkins, Ghostwriter für Fernsehprediger und Baseballspieler, waren die unumstrittenen Meister des Endzeit-Action-Romans. Um die beiden Helden, Rayford Steele und Cameron „Buck“ Williams, die aufgrund mangelhaften religiösen Eifers am Tag der Entrückung auf der Welt bleiben müssen, formiert sich über die sieben Jahre der Bedrängnis, gestreckt auf zwölf Bände, eine christliche Untergrundtruppe, die mit der Kondition und Versiertheit eines „Special Forces“-Kommandos allem entgegentritt, was laut Neuem Testament das Ende der Welt und die Wiederkehr Jesu ankündigt: Hunger, Pest, Heuschreckenplagen, Feuer speiende Pferde und ein verdorrter Euphrat. „Steht alles in der Offenbarung des Johannes“, sagte Ashley. „Die kennen Sie doch hoffentlich?“

Die kannte ich in groben Zügen.

Ashley sprach von „Rayford“ und „Buck“ mit der verstohlenen Bewunderung, mit der man vom abenteuerlustigen Onkel erzählt, der Kokomo für ein aufregenderes Leben in der Fremde hinter sich gelassen hatte. Der erste Band war inzwischen verfilmt worden mit Schauspielern, die aus dem „säkularen Entertainment“, wie Ashley Hollywood nannte, ausgestiegen waren. Das erklärte, warum ich ihre Namen nie gehört hatte. Ich war in ein mediales Paralleluniversum eingedrungen, das erstaunliche Dimensionen angenommen hatte. Über 40 Millionen Exemplare waren aus der „Left Behind“-Serie bereits verkauft worden. Auch eine deutsche Ausgabe war unter dem Titel „Die letzten Tage der Erde“ erschienen.

Wenn Ashley für die Leserschaft annähernd repräsentativ war, dann förderte diese Lektüre nicht nur die Nachfrage nach wiedergeborenen christlichen Schauspielern, sondern auch das Interesse an den Ereignissen im Nahen und Mittleren Osten. Mit der Bibel in der Hand ließ sich ein wenig Ordnung in das gewalttätige Chaos der Region bringen. Ashley hatte diese Praxis zum ersten Mal 1993 als Sechstklässlerin beobachtet, als „Arafat dem Israeli die Hand geschüttelt hat". Sie war damals noch zu jung, um die Hintergründe zu verstehen, aber in ihrer Kirchengemeinde suchten die Leute fieberhaft nach Entschlüsselung in der Heiligen Schrift.

Ich erinnerte mich gut an diesen 13. September 1993, als ein eifrig grinsender Jassir Arafat einem gequält lächelnden Yitzhak Rabin fast die Hand aus dem Ärmel schüttelte, um den Weg für eine palästinensische Selbstverwaltung zu eröffnen. Ich hatte das Ereignis damals für meine säkulare Zeitung als Fortschritt Richtung Frieden gepriesen – nicht ahnend, dass es den christlich-fundamentalistischen Bürgern von Kokomo einen gehörigen Schrecken eingejagt hatte. Israel söhnte sich mit seinen Feinden aus! War das ein Zeichen für die Ankunft des Antichrist und seine neue Weltordnung, für die sieben Jahre der Bedrängnis und die Rückkehr des Messias? Oder ein Regiefehler in der Inszenierung der Endzeit, in der ein Osloer Abkommen nicht vorkam? „Jedenfalls waren die Leute ziemlich nervös", sagte Ashley.

Das Ende ließ seither auf sich warten. Yitzhak Rabin wurde von einem jüdischen Fanatiker ermordet, palästinensische Selbstmordattentäter sprengten sich in israelischen Bussen in die Luft, Al-Qaida sandte seine Todespiloten, Amerika marschierte im Irak ein. Selbst mit der Bibel in der Hand blieb in Kokomo vieles verworren. Nur zwei Sachen waren klar. Erstens: Der Euphrat führte noch Wasser. Zweitens: Ein palästinensischer Staat war in der Heiligen Schrift nicht vorgesehen.

So viel Solidarität mit den Hardlinern in Israel – das hatte Ashley in der Eile ausgelassen – beruhte weniger auf einer plötzlich erwachten Liebe zu den Juden als auf dem Einfluss eines lange verstorbenen irischen Predigers, John Nelson Darby. Darby hatte sich Anfang des 19. Jahrhunderts von der anglikanischen Kirche losgesagt und seine eigene Version der Endzeit gepredigt, wonach alle wahren Christen vor der Wiederkehr Jesu aus der Welt „entrückt" würden – eine Art entschuldigtes Fehlen während der sieben Jahre der Bedrängnis. Laut Darby würde die Endzeit mit der Gründung einer Nation Israel eingeläutet, die von Gott wiederholt gerettet, am Ende aber in der Schlacht von Armageddon durch das Heer des Antichrist zerstört wird. Die meisten Juden werden getötet, 144 000 durch Konversion zum Christentum gerettet, der Antichrist durch den wiederkehrenden Jesus geschlagen, der wiederum eine tausendjährige Herrschaft errichtet, bevor ihm Satan ein allerletztes Gefecht liefert und endgültig besiegt wird.

Diese Untergangs-Vision aus der Alten Welt woben amerikanische Prediger in einen Protestantismus ein, der auf einer wörtlichen Auslegung der biblischen Prophezeiung bestand. Diese Weltsicht kümmerte den Rest des Landes wenig, solange sich fundamentalistische Protestanten aus den Niederungen der Politik heraushielten. Seit ungefähr 30 Jahren jedoch mischten sie wieder kräftig mit. Das hatte weniger mit dem Nahost-Konflikt als mit einem markanten Wandel in Amerika zu tun. Zu einer Zeit, als das Land noch dramatische Erschütterungen wie Rassenkonflikte, Vietnam-Krieg und Watergate zu verarbeiten suchte, begannen Politiker beider Parteien, sich zu Jesus zu bekennen. Öffentliche Rücksprache mit Gott in Fragen der Innen- und Außenpolitik wurde nicht mehr belächelt, sondern beklatscht. Ein enormer Wandel des „nationalen Empfindens" hatte sich vollzogen.

Diese Worte stammten nicht von Ashley, der Verkäuferin im „Living Water Christian Store", sondern aus der Feder des englischen Schriftstellers Jonathan Raban, der Ende der 80er Jahre in seinem Buch „Ein amerikanisches Abenteuer" durch Amerika diesem neuen Empfinden nachgespürt hatte. Politik, egal welcher Richtung, schrieb Raban, war nicht mehr das Werk visionärer und durchaus messianischer Männer wie Franklin D. Roosevelt oder Lyndon B. Johnson. Nein, sie war jetzt Instrument der göttlichen Vorsehung. Den Anfang machte mit ehrlicher Inbrunst und Demut Jimmy Carter, ihm folgte mit schauspielerischem Talent Ronald Reagan. George Bush senior tat es mit zusammengebissenen Zähnen, Bill Clinton mit sinnlicher Lust zum Sentimentalen und George Bush junior mit der Arroganz des selbsternannten Kreuzritters.

Kein Wunder, dass apokalyptische Action-Thriller mit biblischer Anleitung so reißenden Absatz fanden. In den 70er Jahren verkaufte ein erklärter Anhänger Darbys namens Hal Lindsey 28 Millionen Exemplare seines Endzeit-Romans „The Late Great Planet Earth". LaHaye und Jenkins beerbten ihn mit ihrer „Left-Behind"-Serie und hatten dank Darbys Endzeitvision noch Stoff für mindestens siebzig weitere Bände. Unter kommerziellen Gesichtspunkten war das Ende der Welt noch in weiter Ferne. Aber in den Köpfen ihrer Leser tickte die Uhr. Ashley hielt es für „durchaus wahrscheinlich", noch zu Lebzeiten „entrückt" zu werden.

„Wie bereitet man sich auf die Entrückung vor?", fragte ich.

Sie musterte mich nun nicht mehr mit einem Ausdruck der Fürsorge, sondern der ernsthaften Ermahnung. Sie hielt mich für eine potenzielle Trittbrettfahrerin. „Wenn Sie fünf Tage vorher mit dem Beten anfangen", sagte sie, „nützt es natürlich nichts."

Ich zahlte 14,99 Dollar für Band eins und begann im Motel zu lesen.

Nach Seite 114, als der Antichrist als charismatischer Friedensaktivist mit dem Aussehen „eines jungen Robert Redford“ eingeführt worden war, der die Vereinten Nationen für seine teuflischen Ziele zur Welt-Regierung aufpäppeln wollte, gab ich auf. Ich erwog, am nächsten Tag im „Living Water Christian Store“ mein Geld zurückzuverlangen. Bloß wäre ich dann in den Strom der guten Bürger von Kokomo geraten, die sich auf die plastikversiegelten Exemplare von „Glorious Appearing“ stürzten. „Herrliche Erscheinung“. So hieß der zwölfte Band der „Left Behind“-Serie, der zwei Wochen später den Sprung in die Bestsellerliste der „New York Times“ schaffen sollte. Ich fuhr aus dem Herzen Amerikas hinaus – in Richtung New York. Nach Hause.

Bloß lagen zwischen Kokomo und dem Hudson noch gut 1000 Kilometer durch Amerikas „Rostgürtel“ – und der „Rostgürtel“ war keine Gegend, in der man Endzeitstimmung abschütteln konnte.

Mein Grund, in Youngstown, Ohio, zu übernachten, war rein sentimentaler Art. Bruce Springsteen hatte der Stadt eine Ballade gewidmet, eine melodische Grabrede zum Ende der alten Industriestädte.

My sweet Jenny, I'm sinkin' down
Darlin' here in Youngstown

Mit dem Lied in den Ohren sah ich die Stadt in ihren guten Zeiten. Stahlöfen, Fabrikhallen, volle Parkplätze, volle Kneipen nach Schichtwechsel. Morgens gelbe Busse, die über Bahngleise und Eisenbrücken zu den Schulen ruckelten; die Kirchen eher katholisch als protestantisch, die Namen an den Häusern eher polnisch und ungarisch als englisch; im Sommer Grillparties unter schwefelgelbem Himmel. Und am

4. Juli wurde die Fahne gehisst, der Picknickkorb ausgepackt und die Hand aufs Herz gelegt: Möge Gott Amerika, seine Gewerkschaften und die Demokraten segnen und Umweltschützer und Kommunisten zum Teufel schicken.

These mills they built the tanks and bombs
That won this country's wars

Jetzt holte sich die Natur das Land zurück. Das letzte Stahlwerk hatte gerade Konkurs angemeldet. Die Stadt gab jährlich fünfmal mehr Genehmigungen zum Abriss als zum Neubau aus. Im Zentrum waren zahlreiche Schaufenster mit Spanplatten zugenagelt. Gras und wilde Blumen wucherten. Der Himmel strahlte blau.

We sent our sons to Korea and Vietnam
Now we're wondering what they were dyin' for

Ich lief, die Stille genießend, durch Youngstowns Straßen und fühlte mich wie eine Archäologin, die am Ort ihrer Entdeckung von Anzeichen des Lebens überrascht wird. Im leeren Stadtmuseum klebten Studenten Fototafeln für eine Ausstellung über den großen Streik bei „Youngstown Sheet & Tube" im Jahre 1916. Beim Pfandleiher um die Ecke stapelten sich die Konsumgüter der amerikanischen Arbeiter-Familie, die aus der Mittelschicht gekegelt worden war: breite Goldkettchen mit eingravierten Namen, Fernseher so groß wie Kühlschränke, Kettensägen, Hammondorgeln, E-Gitarren und ein beeindruckendes Arsenal an Jagdgewehren. Vor zwei Wochen hatte ein Telefon-Konzern sein Callcenter in Youngstown geschlossen und 700 Arbeitsplätze auf die Philippinen verlegt. Dort wurden Stundenlöhne von 1,60 Dollar gezahlt, was „eben einfach nicht zu unterbieten ist", sagte der

Pfandleiher, der gleichzeitig Lotto-Scheine entgegennahm. Mehr Spiel mit dem Glück war nicht erlaubt. Ohios Parlamentarier hatten sich in sympathischer, aber fiskalisch unkluger Tugendhaftigkeit der Legalisierung von Kasinos verweigert und mussten jetzt zusehen, wie ihr Volk sein letztes Geld zu den Croupiers nach Michigan oder New York trug.

Auch der zweite Rettungsanker für kaputte Industriestädte, der Strafvollzug, hatte zumindest in Youngstown nicht funktioniert. Vier privat betriebene Haftanstalten hatten 1999 in der Region eröffnet. Auf den Boom folgte postwendend der Absturz, nachdem Häftlinge in kostengünstig überfüllten Zellen randaliert oder mühelos die kostengünstig errichteten Gefängniszäune durchschnitten hatten.

„Vielleicht sollte man Youngstown einfach schließen", sagte ich zum Pfandleiher. „Wie in Sibirien. Da machen sie die alten Industriestädte dicht."

„Ach was, zehn, fünfzehn Jahre halten wir noch durch. Dann sind Cleveland und Pittsburgh miteinander verschmolzen, und wir werden eingemeindet."

Pittsburgh lag laut Landkarte 113 Kilometer im Südosten, Cleveland 120 Kilometer im Nordwesten. Aber die Vorstädte krochen aufeinander zu. Dazwischen, im Brachland vergangener Zeiten, wartete Youngstown darauf, verschluckt zu werden.

Sechs Stunden später drückte ich an der Mautstelle zur George Washington-Brücke einem Kassierer mit Sikh-Turban sechs Dollar in die Hand. Auf der anderen Seite des Hudson lag Manhattan und blinkte und glühte in der Dunkelheit wie ein gigantisches Raumschiff, das an Amerika angedockt hatte.

14. New York, New York: Die Stadt, das Licht und der Fluss

Die Illusion vom Raumschiff war am nächsten Morgen verflogen. Ein Raumschiff stellte ich mir gut klimatisiert, leise und sauber vor. Manhattan, wo ich wohnte, war nichts von alldem. Es sah auf der Landkarte aus wie ein Wal – und so fühlte sich das Leben hier oft an. Die Stadt stöhnte, prustete und jaulte, sie zuckte und bebte unter den Füßen; aus irgendwelchen Löchern schossen immer Wasserfontänen oder Dampfwolken empor; es roch – öfter, als es gesund sein konnte – nach altem Fisch.

Und trotzdem war New York, frei nach Max Frisch, „eine betörende Stadt".

„Es liegt am Licht", sagte meine Freundin Nina, eine Fotografin. Die Stadt sei heller als andere. Der Breitengrad, der Einfallswinkel, die Reflexion der Glasfassaden und der flachen Dächer – ganz hatte ich ihre Theorie nie verstanden. Sie klang, als fehlte hier ein Sonnenfilter für die Seele, als müsste man in New York grellere Farben, schärfere Kontraste als überall sonst aushalten. Sie wollte das Licht irgendwann fotografieren. Nina konnte so etwas – Dinge abbilden, die andere nur spürten, aber nicht sahen.

„Es ist der Fluss", sagte Eric, der am Hudson River, Pier 63, eine Kajakschule betrieb, einmal erfolglos versucht hatte, um Australien herumzupaddeln, und mich nun auf die Schnapsidee gebracht hatte, das Gleiche um Manhattan herum zu versuchen. Der Hudson war ein Fluss mit Gezeiten,

Strömungen, Fährverkehr, Wassertaxis und anderen Tücken, auf die man vorbereitet sein musste. Trotzdem hatte Eric Recht: Es gab nichts Schöneres, als in einem winzigen Boot neben diesem Wal zu schaukeln.

„Es liegt an New York, und sonst gar nichts“, sagte Esther, die vor fast 60 Jahren mit fünf Dollar in der Tasche und der Adresse eines Onkels in Peoria, Illinois, angekommen war. Esther und Peoria waren nicht füreinander geschaffen, also kam sie zwei Wochen später zurück nach New York, heiratete und eröffnete mit ihrem Mann „Bauer's – Your Friendly Dress Shop“ an der 87. Straße, Ecke 3. Avenue. Jetzt war sie 80, längst verwitwet und pflegte ihre Vorlieben für hautenge Hosen, Campari und Jazzkneipen, in denen wir uns manchmal trafen.

Esther sprach Englisch, als wäre sie in New York geboren, Deutsch, als hätte sie Hamburg nie verlassen, und Tschechisch, das sie im Lager von Theresienstadt gelernt hatte. Ihre Geschichte erzählte sie immer wieder Schülern in Brooklyn, New Jersey, Hamburg oder Berlin: wie sie von Theresienstadt nach Auschwitz kam; wie sie überlebte, weil man im sächsischen Freiberg Zwangsarbeiter für die Flugzeugmontage brauchte; und wie Esther Bauer, geborene Jonas, Tochter des Direktors der Mädchenschule der Deutsch-Israelitischen Gemeinde in Hamburg und zu diesem Zeitpunkt bereits einzige Überlebende ihrer Familie, möglichst viele fehlerhafte Nieten in Hitlers Kampfbomber stanzte.

„New York, was sonst?“, sagte Esther. Es war der einzige Zufluchtsort gewesen, an dem man ihr ohne jeden Vorbehalt – und ohne großes Mitleid – ein neues Leben angeboten hatte; die einzige Stadt der Welt, in der Toleranz nicht als Tugend beschworen werden musste, weil sie längst eine Lebensnotwendigkeit war. „In New York schwelt jedes ethnische Problem, aber das Bemerkenswerte ist nicht das Problem, sondern der ungebrochene Waffenstillstand." Der Schriftsteller E. B. White notierte das 1948 in „Here is New York", einem wunderschön beschriebenen Spaziergang durch die Stadt.

Ich hatte mir im Kopf meine eigene Route für die Umrundung Manhattans ausgemalt: Von der Nordspitze in Inwood, wo Esther wohnte, wollte ich auf dem Hudson in Richtung Süden paddeln, vorbei an den Häusern von Washington Heights, das man früher wegen der vielen deutsch-jüdischen Emigranten das „Vierte Reich" genannt hatte und nun den dominikanischen Einwanderern gehörte. Weiter entlang der alten Piers, von denen manche vor sich hinrotteten, andere zu Freizeitparks für die Stadtjugend ausgebaut worden waren, vorbei am Hafen für die Fähre nach New Jersey, dem Denkmal für die Flüchtlinge der großen Hungerkatastrophen in Irland und dem klaffenden Loch, wo einst das World Trade Center stand. Dann um die Südspitze herum, den East River unter der Brooklyn Bridge nordwärts, entlang der roten Mietshäuser der Lower East Side, vorbei am schmalen Hauptquartier der Vereinten Nationen und der Upper East Side, bis zu dem Punkt, wo der Harlem River auf den Hudson trifft.

Man musste seit dem 11. September 2001 aufpassen, dass man bei Paddeltouren weder der Freiheitsstatue noch dem Flugzeugträger am Pier 86 zu nahe kam – andernfalls geriet man ins Visier der Polizei-Hubschrauber oder der Küstenwache mit ihren Schnellbooten. Am UN-Hauptquartier hatte man aus Angst vor Terroranschlägen begonnen, die gläserne Fassade mit einer Splitterschutzschicht zu überziehen.

„Zum ersten Mal in ihrer Geschichte ist die Stadt zerstörbar. Eine einzige Flugzeugstaffel, nicht größer als ein

Schwarm Gänse, kann dieser Inselphantasie ganz schnell ein Ende setzen, kann die Türme in Brand stecken, die Brücken zerstören, die Unterführungen in Todesfallen verwandeln." Das hatte E. B. White 1948 unter dem Eindruck des Zweiten Weltkriegs geschrieben – nicht ahnend, dass es sich im Jahr 2004 wie eine unheilvolle Prophezeiung des 11. September lesen würde. Mit diesen Gedanken war er weiterspaziert zur Baustelle des UN-Hauptquartiers an der 1. Avenue, wo Krieg und Genozid in Zukunft verhindert werden sollten, und hatte sich gefragt, wer wohl gewinnen würde im „Kampf zwischen den Flugzeugen der Zerstörung und dem sich abmühenden Parlament der Menschheit".

Anders als das Land wusste die Stadt schon lange um die eigene Verwundbarkeit – und dass diese Einsicht kein Zeichen der Schwäche sein musste. Auch deswegen lagen Welten zwischen New York und Huntsville, wo man an der außerirdischen Wagenburg bastelte; oder Midland, wo man sich moralisch unangreifbar dünkte; oder Kokomo, wo man sich als Teil eines apokalyptischen Szenarios mit Anspruch auf Erlösung wähnte.

Vielleicht war das die große Frage, vor der das Land stand: Sollte es an der Illusion festhalten, die eigene Unangreifbarkeit wiederherstellen zu können, und sich damit zwangsläufig weiter isolieren? Oder die eigene Verwundbarkeit eingestehen und gemein werden mit dem Rest der Welt?

Was mich betraf: Es gab Gründe, noch ein wenig zu bleiben.

Der triftigste war ein Mann. Einer, der gerne sang, wenn es sein musste, sogar im Gospelchor, weswegen ich jetzt sogar an manchen Sonntagen in einer Kirche an der 7. Straße saß, ganz hinten auf der Agnostiker-Bank.

Außerdem wusste ich nach dieser Reise nicht mehr genau, ob all die Jahre in verschiedenen Ecken und Städten der USA nicht doch mehr als Exkursionen in der Fremde gewesen waren, ob ich eine Nicht-Amerikanerin geblieben oder eine Noch-Nicht-Amerikanerin geworden war. Wahrscheinlich Ersteres. Aber für die Zeit der Unklarheit war New York die richtige Stadt.

Dank

Reporter leben davon, dass andere Leute ihnen die Tür öffnen und darauf vertrauen, dass sie mit den Geschichten ihres Lebens respektvoll umgehen.

Ich danke all den Leuten, die mir auf meinen Reisen durch Amerika ihre Geschichten erzählt haben – allen voran Esther Bauer, Bill Babbitt, Meredith Olafson und Tommi Hayes. Dank geht an die Mitarbeiter von „Appalshop“ für ihre Mühe, mich in die Grundzüge der „Blue Grass“-Musik und der Schnapsbrennerei einzuweisen; an Joan Blades für einen denkwürdigen Spaziergang in Berkeley; an die Schüler und Lehrer der „Carver Military Academy“ in Chicago für ihre Bereitschaft, sich auch in der größten Hektik ausfragen zu lassen; an die „Middle Collegiate Church“ für den uneingeschränkten Verzicht auf Bekehrungsversuche; und an Eric Stiller für unschätzbare Tipps beim Navigieren eines Kajaks auf dem Hudson River.

Lesen bildet. Das gilt für Journalisten vielleicht noch mehr als für andere. „These United States“ (Nation Books, 2003), eine Anthologie von Essays fünfzig amerikanischer Autoren über ihre Bundesstaaten, war mir eine wunderbare Reiselektüre. Einige Autoren sind in diesem Buch zitiert.

Nicholas Lemanns Buch „The Promised Land“ (Vintage Books, 1991) verdanke ich wichtige Fakten über die Geschichte der Segregation in Chicago. „The Clone Age“ (Henry Holt, 1999) von Lori B. Andrews verschaffte mir einen guten

Überblick über die seltsame neue Welt der künstlichen Reproduktion. „The Homefront“ (Beacon Press, 2001) von Catherine Lutz lehrte mich viel über die Rolle des Militärs in der amerikanischen Gesellschaft. Was immer ich über die Geschichte des amerikanischen Südens suchte, fand ich in der „Encyclopedia of Southern Culture“. Das Kochrezept in diesem Buch – für „texanischen Kaviar“ – stammt aus „Threadgill's – The Cookbook“ (Eakin Press, 1996), dessen Lektüre endgültig mit dem Vorurteil aufräumt, es gebe in diesem Land keine Esskultur.

Einige der in diesem Buch beschriebenen Personen habe ich zum ersten Mal auf Reisen und Reportagen für deutsche Zeitungen getroffen und nun wieder besucht. Mein Dank gilt vor allem der ZEIT. Deren Redaktion hat mich immer wieder auf Recherchereisen geschickt, die mir einen tieferen Einblick in dieses Land ermöglichten.

Der TAZ schulde immer noch eine Kiste Sekt, weil sie kühn genug war, mich 1992 mit nur drei Jahren Redaktionserfahrung als US-Korrespondentin nach Washington zu schicken.

Martin Breitfeld danke ich für das Lektorat und fortgesetzte Anfeuerungsrufe.

Während des Schreibens haben Freunde Rohfassungen gelesen, mich auf Songs, Bücher und Artikel hingewiesen oder zum richtigen Zeitpunkt gesagt: „Hör auf zu jammern. Schreib weiter“: Antje Becker, Anetta Kahane, Ulrich Ladurner, Dietmar Schirmer, Constanze Stelzenmüller, Barbara Wenner. Carmine Galasso danke ich für das Foto.

Einige seien besonders erwähnt: Mathias Greffrath, der jederzeit aus einem Kaffeehaus-Gespräch ein Exposé basteln und meine konfusen Gedanken bündeln konnte; Mechthild Hart für ein immer freies Gästezimmer in Chicago und Gespräche über Gott, die Welt und Amerika; Nina Berman, deren Fotografien mir immer wieder zeigen, dass die Entdeckung dieses Landes nie abgeschlossen sein wird.

Und schließlich Sebastian, der sich die Geschichten in diesem Buch immer wieder anhörte, jedes Kapitel vorab las und (fast) jede Laune verzieh, die mich beim Schreiben packte. Ihm schulde ich mehr Dank, als auf diese Seiten passt. Aber wie es das Glück so will, kann ich ihm das täglich selber sagen.

1 **Paterson, NJ**
2 Gettysburg, PA
3 Harper's Ferry, WV
4 **Beckley, WV**
5 Whitesburg, KY
6 **Huntsville, AL**
7 Isle Jean Charles, LA
8 Humble, TX
9 Austin, TX
10 **Midland, TX**
11 Odessa, TX
12 Victorville, CA
13 Llano del Rio, CA
14 Berkeley, CA
15 **Sacramento, CA**
16 Reno, NV
17 Battle Mountain, NV
18 Laramie, WY
19 Rapid City, SD
20 Mound City, SD
21 Merricourt, ND
22 **Fargo, ND**
23 **Chicago, IL**
24 Bloomington, IN
25 Kokomo, IN
26 Youngstown, OH
27 **New York, NY**